<u>В. Л. Дѣдловъ</u>

ШКОЛЬНЫЯ
ВОСПОМИНАНІЯ

(КЪ ИСТОРІИ НАШЕГО ВОСПИТАНІЯ)

Нѣмецкая школа.—Русская школа.
Какъ мы «созрѣвали».

С.-ПЕТЕРБУРГЪ.
Типографія М. Меркушева, Невскій пр., 8.
1902.

Нѣмецкая школа

I.

Нѣмецкая школа.

> Учитель — это штука тонкая; народный, національный учитель вырабатывается вѣками, держится преданіями, безчисленнымъ опытомъ...
>
> Положимъ, (въ Россіи) надѣлаете деньгами нетолько учителей, но даже, наконецъ, и ученыхъ; и что-же? — все-таки людей не надѣлаете. Что въ томъ, что онъ ученый, коли дѣла не смыслитъ? Педагогіи онъ, напримѣръ, выучится и будетъ съ кафедры отлично преподавать педагогію, а самъ все-таки педагогомъ не сдѣлается..
>
> (*Достоевскій*. «*Дневникъ Писателя*». 1873 *годъ*).

1.

Въ августѣ 1865 года матушка моя повезла меня учиться въ Москву. Мнѣ шолъ десятый годъ. Прощаясь съ родными людьми и родной усадьбой, я горько плакалъ, но лишь только съѣхали со двора, сейчасъ-же забылъ всѣ горести и съ головой окунулся въ новую открывавшуюся передо мною жизнь. А жизнь эта оказалась удивительно разнообразной.

Нашъ путь лежалъ по московско-варшавскому шоссе и продолжался трое сутокъ. Ѣхали мы въ старинной двумѣстной англійской колясѣ, очень высокой, очень укладистой и необыкновенно легкой. Послѣднее обстоятельство было предметомъ удивленія ямщиковъ, которые на каждой станціи разсматривали экипажъ съ видомъ большихъ знатоковъ. Кромѣ того коляска была изумительной прочности. Куплена она была, уже въ подержанномъ видѣ, въ сорокъ-третьемъ году, часто ѣздила изъ конца въ конецъ Россіи съ моимъ отцомъ при его служебныхъ командировкахъ, отвезла меня въ шестьдесятъ-пятомъ учиться, да и потомъ не разъ побывала въ Москвѣ. Это былъ почтенный экипажъ. Я считалъ коляску едва не живымъ существомъ, чуть не членомъ семьи, родней, и когда старуху, наконецъ, разобрали, я какъ-будто немного осиротѣлъ.

Три дня для девятилѣтняго человѣка большой срокъ, порядочный кусокъ жизни. Три дня въ колясеѣ были для меня свѣтлой эпохой. Погода была хорошая. Учиться не заставляли. Мать была весела. Развлеченій было множество, и чрезвычайно разнообразныхъ. По сторонамъ шоссе были незнакомыя поля, лѣса и усадьбы. На телеграфныхъ проволокахъ сидѣли сивоворонки. Въ кучахъ щебенки попадались камни поразительной красоты. Засидишься,— мать позволяла выскакивать изъ коляски и бѣжать рядомъ съ лошадьми. Пробѣжать такъ съ версту было нипочемъ. Въ колясеѣ тоже не было недостатка въ занятіяхъ. Съ нами ѣхала огромная семья, носившая фамилію почему-то Норышкинскихъ,— должно быть, по пути попалась усадьба Норышкинскихъ. Олицетворялись господа Норышкинскіе или стеблями подорожника или камешками. Они у меня женились, плодились, умирали, учились въ школѣ, гдѣ ихъ иногда сѣкли, но умѣренно (передо мной вѣдь тоже была школа). Одни поступали на службу, причемъ дослуживались до генералиссимуса и даже до царя. Другіе избирали артистическую карьеру и становились клоунами, не хуже того, котораго я однажды видѣлъ въ нашемъ Могилевѣ, въ циркѣ. Словомъ, я предвосхитилъ мысль Ругонъ-Маккаровъ Зола.

Къ концу третьихъ сутокъ, съ высокой горы, мы увидѣли Москву. Что такое Москва, какова эта Москва, я представлялъ себѣ очень опредѣленно. Это была старая костлявая боярыня, въ сарафанѣ и кокошникѣ, сидящая подъ деревомъ и держащая на колѣняхъ, на огромномъ блюдѣ, игрушечные дома и церкви, — Москву. Этимъ представленіемъ я былъ обязанъ талантливымъ каррикатурамъ Туркистанова во «Всемірной Иллюстраціи» 50-хъ годовъ, называвшимся «Путешествіе господина Незабудки въ Пятигорскъ». Конечно, если-бы меня спросили, что такое Москва, старуха или городъ, я отвѣтилъ-бы, что, разумѣется, городъ, но все-таки, увидѣвъ предъ собою внизу множество домовъ, церквей и колоколенъ, я почувствовалъ, что чего-то тутъ недостаетъ, — недостаетъ старухи, которая держитъ на блюдѣ эти игрушечныя зданія.

Въѣхали въ городъ, и про старуху я позабылъ навѣки. Гдѣ-же уставить на блюдѣ эти огромные дома, башни, колокольни, мостовыя, ѣдущихъ нескончаемыми вереницами ломовиковъ и толпы снующаго народа! Туркистановъ долженъ былъ уступить Ѳедору Глинкѣ. «Кто царь-колоколъ подниметъ! Кто царь-пушку повернетъ!», — и я, забывъ дорогу, Нарышкинскихъ, оставленный домъ, весь превратился въ желаніе скорѣй увидѣть пушку и колоколъ. «Шапки кто, гордецъ, не сниметъ у кремля святыхъ воротъ!» — Святыя ворота вызывали въ моемъ воображеніи представленіе о какомъ-то сіяніи, о какомъ-то яркомъ свѣтѣ, должно быть, о нимбѣ, а гордеца, который вздумалъ-бы не снять предъ воротами шапки, я считалъ самымъ сквернымъ человѣкомъ на свѣтѣ. Но особенно сильное впечатлѣніе производилъ на меня стихъ: «На твоихъ церквахъ старинныхъ выростаютъ дерева». Это поражало. Церковь, а на ней дерево саженей четырнадцати вышины и въ два обхвата толщиною. Съ жадностью я встрѣчалъ и провожалъ глазами каждую церковь, мимо которой мы проѣзжали,— деревьевъ не было. Но не можетъ-же быть, чтобы Ѳедоръ Глинка сочинилъ,—лгутъ только маленькіе, и за это ихъ ставятъ въ уголъ и даже, если ужъ очень солгутъ, сѣкутъ. А большіе, да еще которыхъ печатаютъ въ «Паульсонѣ», не могутъ лгать... Сомнѣнія въ правдивости «большихъ», Паульсона и Глинки начинали меня тяготить,— какъ вдругъ на карнизѣ одной изъ церквей я увидѣлъ березку, вышиной съ полъаршина. Съ меня этого было довольно: я увидѣлъ главное московское чудо, дерево на церкви, и, кромѣ того, идеалъ былъ спасенъ.

Остановились мы въ Лоскутной гостинницѣ, тогда только-что открывшейся. Номеръ заняли на самомъ верху. Убранство номера произвело на меня сильное впечатлѣніе. Столъ мраморный. Умывальникъ—не какіе-нибудь кувшинъ съ чашкой, а съ педалью. Что-то надо надавить, надавить внизу, а вверху сейчасъ-же брызнетъ вода изъ золоченаго дельфина. Послѣ пристальнаго изученія я открылъ секретъ этой механики, но на дельфина, который выбрасывалъ воду, точно живой, я не могъ досыта наглядѣться. Кровать была до такой степени мягкая, что было удивительно, какъ это не проваливаются насквозь. Но поразительнѣй всего была фотогеновая лампа, въ то время въ провинціи неизвѣстная. Объ этихъ лампахъ только читали—въ отдѣлахъ «происшествій», а происшествія все были страшныя: взрывы, обжоги, пожары. Лампа Лоскутной гостинницы бережно и съ опасеніемъ была отставлена въ дальній уголъ и служила предметомъ только моего удивленія предъ ея винтиками, рѣшоткой, фитилемъ, таинственно выдвигавшимся и прятавшимся, и стекломъ, трубочкою. Мнѣ запретили «трогать» лампу, но, разумѣется, я ее все-таки трогалъ. Вѣдь, природа запретила входъ къ сѣверному полюсу, а любознательный человѣкъ такъ вотъ туда и лѣзетъ.

Изъ оконъ нашего номера видны были фонтанъ на площади, Александровскій садъ, кремлевская стѣна и башня. Стѣна и башня — это было нѣчто совсѣмъ невиданное. Стѣна была заборъ, но какой колоссальный заборъ! Башня была колокольней, но какою толстой, внизу круглой, вверху острой и ужасно высокой! Окна были не окна, а щели. Крыша была чешуйчатая и зеленая. Кирпичныя стѣны облупились. Это было какое-то архитектурное чудовище. Но, замѣчательно, чудовище произвело на меня пріятное и торжественное впечатлѣніе. О предвзятости, о надуманности въ девять лѣтъ не можетъ быть и рѣчи. Значитъ, московская старина въ самомъ дѣлѣ красива, привѣтлива и оригинальна, національна. Я благодарю судьбу за то, что раннее дѣтство я провелъ среди нея и подъ ея впечатлѣніями. Это прочно сдѣлало меня русскимъ, какъ московская рѣчь сдѣлала русскимъ мой языкъ, вытравивъ изъ него бѣлорусскія примѣси.

2.

В Москву меня привезли, однако, для того, чтобы отдать въ нѣмецкую школу. И о ней я вспоминаю съ благодарностью.

Пока я изучалъ устройство умывальника, трогалъ лампу и проникался національнымъ духомъ, глядя изъ окна на кремль, матушка сговаривалась съ начальствомъ Петропавловской школы. Я мало интересовался этимъ. Наконецъ, однажды утромъ меня принарядили и повели въ школу. Она помѣщалась въ тихихъ переулкахъ, около Маросейки, въ двухъэтажномъ небольшомъ флигелѣ, стоявшемъ на просторномъ дворѣ, изъ воротъ налѣво. Прямо противъ воротъ подымалась чистенькая готическая кирка. На дворѣ шумѣла толпа школьниковъ, среди которой расхаживалъ высокій и толстый, хромой надзиратель, съ длинными сѣдыми волосами и въ усахъ. Мальчуганы и надзиратель произвели на меня впечатлѣніе стада и пастуха. Сердце замерло: ни папаши, ни мамаши, ни ихъ дѣточекъ, а стадо и пастухъ. Пастухъ покрикиваетъ по-нѣмецки и называетъ мальчугановъ не по именамъ, а по фаміліямъ.

Мы вошли въ домъ, и насъ провели къ другому пастуху. Этотъ былъ тоже нѣмецъ и тоже полный, но маленькій и не сѣдой. Пахло отъ него сигарой, лицо было темнокрасное, добродушное. Круглые черные глазки бойко бѣгали за стеклами очковъ. На немъ былъ гороховый пиджакъ, а подъ пиджакомъ ситцевая рубаха. Это былъ Herr Inspector школы, Зиллеръ. Зиллеръ слегка проэкзаменовалъ меня и принялъ въ «септиму». Участь моя была рѣшена, и съ этого момента, втечение нѣсколькихъ дней, которые я провелъ съ матерью въ гостинницѣ, я уже ни на одну минуту не забывалъ, что не воротиться мнѣ домой, что попаду я въ стадо, и чужіе люди будутъ на меня, если захотятъ, кричать.

Наступила минута, когда мать вышла изъ подъѣзда школы, а я провожалъ ее глазами изъ окна. Ужасъ, настоящій ужасъ овладѣлъ мною, очень похожій на то ощущеніе, которое испытываешь, когда снится, что падаешь въ пропасть. Я чувствовалъ, что стремглавъ падаю, и я кричалъ, вопилъ, плакалъ. Слезъ вытекло у меня тогда огромное количество. Это было въ спальнѣ. Слѣдующая комната была столовая. За нею помѣщался тотъ высокій хромой надзиратель, котораго я видѣлъ въ первое наше посѣщеніе школы на дворѣ среди мальчугановъ. Это былъ Herr Oberaufseher B. Въ своей комнаткѣ онъ ютился съ молоденькой и хорошенькой женой, доброй нѣмочкой. В—ы услыхали мой плачъ, привели въ свою конурку и, дай Богъ имъ здоровья, если это еще не поздно, стали меня утѣшать. Я уткнулся въ колѣни доброй нѣмочки и на мигъ забылся,—будто плакалъ на колѣняхъ матери.

— Однако, этотъ малышъ испортитъ мое новое платье,—услышалъ я нерѣшительный голосъ нѣмочки.

Я понялъ, что это не мать, и что я невѣжливъ. Я пересталъ плакать.

Я попалъ въ школу въ самый переходный моментъ ея строя, учебнаго и воспитательнаго. До того это была четырехклассная школа съ довольно неопредѣленнымъ планомъ. Читать, писать, считать, подготовить нѣмчиковъ къ конфирмаціи, дать имъ хорошій почеркъ,—вотъ была задача

Петропавловской приходской школы. Къ этому зачѣмъ-то были присоединены древніе языки, географія, исторія. Два послѣдніе предмета еще годились, чтобы понимать, что пишется въ «Gartenlaube», но зачѣмъ понадобились латынь и греческій, — недоумѣваю. Отношенія воспитателей и воспитанниковъ были патріархальныя. Колотили ребятъ безъ церемоніи. Сѣкли. Разумѣется, всѣмъ говорили *ты*. Словомъ, это была дореформенная, отсталая школа. Въ дореформенной Россіи отставали даже нѣмцы, какъ, впрочемъ, они отстаютъ и въ пореформенной. Напримѣръ, нѣмецкіе нѣмцы своихъ русскихъ собратій, колонистовъ, и теперь считаютъ столь-же дикими, какъ и африканскихъ единоплеменниковъ, буровъ. Нравы учениковъ были грубоваты. Большинство школьниковъ были дѣтьми ремесленниковъ и мелкихъ купцовъ, — нѣмецкихъ и русскихъ, наполовину: русскій языкъ слышался такъ-же часто, какъ и нѣмецкій; русскій даже преобладалъ, потому-что всѣ нѣмцы говорили по-русски, а изъ русскихъ по-нѣмецки далеко не всѣ. Нѣмцы бѣгали въ толстыхъ сѣрыхъ блузахъ, русаки — въ смѣшныхъ купеческихъ черныхъ сюртукахъ, въ жилетахъ, застегивавшихся до самой шеи на стеклянныя красныя пуговки, или въ засаленныхъ пиджакахъ. Многіе помадились деревяннымъ масломъ. Физическая сила, какъ это всегда бываетъ въ эпохи варварскія, находилась у школьниковъ въ величайшемъ уваженіи. О сильныхъ ученикахъ и учителяхъ ходили легенды. Разсказывали про какого-то Канышова, который на пари перебивалъ камнемъ стрѣлки на часахъ кирки. Какой-то терціанеръ, нѣмецъ, котораго и я засталъ еще, жившій гдѣ-то за заставой и зимою приходившій изъ школы домой въ темень, одинъ избилъ и потомъ связалъ двухъ напавшихъ на него жуликовъ. Разсказывали о силачѣ надзирателѣ, который иногда, въ годъ, въ два года разъ, вызывалъ на борьбу всю школу и оставался побѣдителемъ. Въ старшихъ классахъ при мнѣ былъ учитель латинскаго языка, Г., человѣкъ черный и мрачнаго вида. Говорили, что онъ мраченъ оттого, что ужъ слишкомъ силенъ: хочетъ дать лѣнтяю простой подзатыльникъ, а вмѣсто того получается сотрясеніе мозга. Однажды кто-то разсердилъ его ужъ слишкомъ, учитель размахнулся уже во всю, школьникъ къ своему благополучію увернулся, ударъ пришелся въ стѣну и былъ такъ силенъ, что учитель больше мѣсяца носилъ руку на перевязи. Этого силача за необузданность нрава и за частыя членовредительства удалили при самомъ началѣ реформъ. Ходили разсказы о дракахъ на льду Москвы-рѣки съ гимназистами, семинаристами, даже съ фабричными. Но эти разсказы были смутны. Очевидно, это были давно прошедшія дѣла.

И однако-же въ школѣ было много хорошаго,—хорошаго больше, чѣмъ дурного. Самымъ лучшимъ—я рискую удивить читателя—были драки и борьба. Начальство ихъ не запрещало, даже поощряло и было право: дрались и боролись не зря, а по правиламъ. Существовалъ цѣлый кодексъ этихъ правилъ, въ подробностяхъ извѣстный каждому школьнику и каждому надзирателю. Вызовы были формальны.

— Выходи! говорилъ одинъ карапузъ.
— Выходи! смѣло отвѣчалъ другой.
— Драться или обороться?
— Бороться.
— Какъ?

— Подсилки (подмышки) не хватать и подножекъ не давать.

Если способомъ поединка избиралась не борьба, а драка, опять слѣдовало условиться. Дирались «по-бокамъ» и «по-мордамъ». Послѣднее было, конечно, опаснѣй, больнѣй и часто сопровождалось кровопролитіемъ. Если дрались «по-мордамъ», на кровопролитіе нетолько не претендовали, но и не плакали отъ боли, а, нагнувшись, поливая землю кровью, взъерошенные, потные, красные, противники шли умываться къ колодцу или въ спальню. Начальство улыбалось и говорило: «Zwei Hähne, два пѣтуха!» Нельзя было драться костяшками кулака, а только мякотью. Зажать въ кулакѣ свинчатку было тяжелымъ преступленіемъ. Бить лежачаго считалось величайшей подлостью, и т. д., и т. д.,—цѣлый кодексъ. И знаете, что изъ этого вышло? Полууличные ребята нашей школы твердо усвоили себѣ понятія права, чести, честности. Слово: право, das Recht, было на устахъ у самаго маленькаго изъ школьниковъ. — Iwanof hatte kein Recht mir auf die Nase zu schlagen; wir haben uns geschlagen по-бокамъ,—смѣло жаловался надзирателю мальчуганъ, и надзиратель подтверждалъ, что дѣйствительно Ивановъ hatte kein Recht, и ставилъ Иванова въ уголъ. Мало того, если мальчуганъ находилъ, что надзиратель, герръ Шульцъ или мосье Тюрель, незаслуженно оттаскали его за волосы или поставили на колѣни, онъ такъ-же смѣло шолъ къ инспектору или директору и твердо, хотя и обливаясь отъ несправедливой обиды слезами и содержимымъ носа, заявлялъ, что герръ Шульцъ hatte kein Recht подвергнуть его наказанію безъ вины. За вину—дѣло другое. Инспекторъ или директоръ, чтобы не потрясать авторитета власти, конечно, дѣлалъ страшные глаза, грозилъ пальцемъ и выпроваживалъ жалобщика за дверь. Но директоръ зналъ, что воспитанникъ его школы, школы съ традиціями и правилами, не станетъ всуе поминать важное слово das Recht; онъ дѣлалъ «негласное дознаніе», и мы часто видѣли, какъ гдѣ-нибудь въ темномъ углу корридора или за выступомъ кирки Herr Director бесѣдовалъ съ Herr Schulz'емъ, причемъ послѣдній былъ красенъ и сконфуженъ, а первый дѣлалъ страшные глаза и кивалъ пальцемъ. Это распекали герръ Шульца за то, что онъ дѣйствительно hatte kein Recht. Замѣчательно, что я не помню ни одного случая, чтобы такія распеканія вызывали у Шульцевъ чувство мести къ мальчугану, который распеканье на него навлекъ. Нѣмецкіе Шульцы не мстили. Иное дѣло французскіе Тюрели, или наши россіяне, Фаддеевы и Пахомовы. Эти не были педагогами. Педагоги «вырабатываются вѣками». Да что педагоги,—даже школьники! Я отлично припоминаю, что право уважалось у насъ нѣмчатами безъ сравненія больше, чѣмъ русскими. Я боролся и дрался безъ устали, и рѣшительно не помню, чтобы какой-нибудь нѣмченокъ нарушилъ условія поединка или пустилъ въ ходъ нечестный пріемъ борьбы. Русскихъ-же предательствъ я и сейчасъ насчитаю нѣсколько. Мой другъ, московскій купчикъ К., самой незаконной подножкой такъ хватилъ меня лбомъ о мраморный каминъ, что я не понимаю, какъ это не треснули ни каминъ, ни хоть-бы мой лобъ. К. чуть не надорвался отъ смѣха. Донской казакъ У. во время борьбы хитростью оттѣснилъ меня къ глубокой ямѣ, куда я и упалъ, какъ могутъ безъ смертельнаго исхода падать только мальчишки, перегнувшись черезъ себя три раза и запихнувъ каблуки себѣ въ ротъ. У. тоже надорвалъ себѣ животики. Бѣлоруссъ О., когда я его одолѣлъ, до крови укусилъ меня за животъ. Полячекъ Р. воткнулъ въ меня булавку. О еврейчикахъ, греченкахъ, армянчикахъ я уже и не говорю. Нѣмецъ-же, даже самый злой,—а они, когда разсердятся, злы удивительно, упорно, какъ быки,— больше,—какъ кабаны,—никогда-бы ничего подобнаго себѣ не позволилъ, и всѣ мои синяки, шишки и ссадины нѣмецкаго происхожденія были правомѣрными, честными синяками и шишками. Ими можно было только гордиться и чувствовать глубокое нравственное удовлетвореніе.

Я рѣшительно за допущеніе въ школѣ дракъ, какъ дуэли допущены въ войскахъ. Во-первыхъ, это прекрасная гимнастика. Во-вторыхъ, борьба, драка, да еще общія физическія игры — единственная сфера, гдѣ ребята живутъ вполнѣ своей, самостоятельной жизнью, по своей иниціативѣ и охотѣ. Это единственная сфера свободы школьниковъ. Не трогайте-же ея, пусть мальчуганъ пріучается жить самостоятельно. Пусть школа будетъ школой, а не учебной командой. Если ребята пользуются извѣстной долей свободы, то и учебное начальство выигрываетъ. Надзиратель, учитель въ такой «свободной» школѣ является не городовымъ, а руководителемъ живого школьнаго быта, судьей въ случаяхъ нарушенія школьнаго права; не внѣшней гнетущей силой, а членомъ школьной семьи.

3.

Петропавловская школа была хорошей, живой, свободной школой, но я попалъ въ нее слишкомъ рано для моихъ лѣтъ. Я былъ и слишкомъ малъ, и слишкомъ легкомысленъ, чтобы остаться безъ надзора и попеченій близкихъ и родныхъ людей. Пока я пользовался вниманіемъ В. и его нѣмочки, я еще справлялся съ новымъ положеніемъ, но скоро я этого вниманія лишился. Случилось это такъ. Одинъ дрянной мальчуганъ принялся меня, какъ говорится въ школахъ, «просвѣщать», т. е. учить сквернымъ словамъ. Одного изъ нихъ я никакъ не могъ постигнуть. Тогда скверный мальчуганъ посовѣтовалъ мнѣ пойти къ В. и сказать ему: «Правда, что ваша жена—такая-то» (слѣдовало гадкое слово)? Я такъ и сдѣлалъ. Въ то-же мгновеніе В. сдѣлался, не то что багровымъ, а синимъ, а я поднялся на воздухъ и нѣкоторое время леталъ между двухъ рукъ В., подобно иглѣ между двухъ очень сильныхъ магнитовъ. Послѣ этого урока воздухоплаванія В. не замѣчалъ моего существованія. Я былъ предоставленъ одному себѣ и быстро сталъ дичать. До этого В. слѣдилъ за моими занятіями; теперь я мало-помалу пересталъ работать и облѣнился. До роковой минуты слѣдили за тѣмъ, чтобы я мылся, чесался и аккуратно одѣвался; теперь я сталъ грязенъ, ходилъ въ изорванномъ платьѣ и растерялъ свои гребешки, что повлекло фатальныя послѣдствія для моей головы. Прежде, когда я мылся и чесался, меня иногда брали къ пастору нашей кирки, привѣтливому джентльмену, жившему по-барски, говорившему по-русски какъ москвичъ и недавно женившемуся. У пастора я ѣлъ отличный обѣдъ, любовался удивительными вещами вродѣ музыкальной табакерки, живого попугая и фаянсовыхъ китайцевъ, кивающихъ головами, слегка и въ предѣлахъ приличія дразнилъ собаченок и маленькую воспитанницу пасторовой матери, а уходя получал фунт конфект. Теперь отпускали к пастору не меня, изорвавшаго свои рубашки и растерявшаго гребни, а других. Я быстро стал дичать и через какіе-нибудь четыре мѣсяца одичал так, что пріѣхавшая к новому году матушка меня не узнала, а, убѣдившись, что этот грязный, взъерошенный, запуганный и вмѣстѣ с тѣм дерзкій звѣрек — ея сын, долго не могла осушить глаз.

Моему одичанію много способствовало то переходное время, которое переживала школа. Прежнее начальство было наканунѣ ухода, новое еще не успѣло вникнуть в дѣла. Школа из четырехкласснаго церковно-приходскаго училища преобразовывалась в семиклассную гимназію. Был пріобрѣтен неподалеку от стараго помѣщенія трехэтажный дом, с довольно большим садом. Дом и сад казались нам верхом великолѣпія по сравненію с прежним тѣсным и грязным флигелем на церковном дворѣ. Хлопоты по переходу в новый дом тоже отвлекали вниманіе от учеников. Учителя и надзиратели набирались тоже новые. Измѣнялся и состав учеников. До того в школѣ преобладали и задавали тон дѣти ремесленников и торговцев, почти уличные ребята; теперь, с расширеніем учебнаго курса и улучшеніем обстановки ожидалось поступленіе в школу болѣе «благородных» мальчуганов, дѣтей русских дворян и нѣмецких богачей. Для проведенія всѣх этих реформ кирхенрат, церковный совѣт, выписал новаго директора, служившаго до того в Биркенру, в остзейской, баронской, т. е. несомнѣнно «благородной» школѣ. Новый директор пріѣхал в ноябрѣ. Однажды утромъ въ школѣ, въ сопровожденіи инспектора Зиллера, появился человѣкъ лѣтъ подъ сорокъ, выше средняго роста, плотный, немного сутулый, весь въ черномъ и въ бѣломъ галстухѣ, съ косымъ рядомъ въ темныхъ волосахъ, съ рыжими бакенбардами и зоркими, но спокойными большими темными глазами. Въ рукахъ у него была табакерка и красный фуляровый платокъ. Выраженіе лица увѣренное, твердое, но благодушное. Это и былъ новый директоръ, докторъ философіи Рудольфъ Лешъ. Онъ обошолъ всю школу, все внимательно осмотрѣлъ, и затѣмъ нѣкоторое время мы его опять не видѣли. Говорили, что онъ принимаетъ дѣла школы; когда кончитъ принимать, тогда и начнетъ «княжити и володѣти». Школьникамъ онъ внушилъ почтеніе уже однимъ первымъ своимъ появленіемъ, почти безмолвнымъ.

Между тѣмъ я дичалъ все больше. Прежде всего я запутался въ ученіи. Переводы съ неизвѣстнаго латинскаго языка на языкъ почти такой-же неизвѣстный, нѣмецкій, приводили меня въ отчаяніе. Дроби смущали меня тѣмъ, что, будучи меньше единицы, онѣ изображаются большимъ числомъ цифръ: одна внизу, другая вверху, посерединѣ черта,—и я не могъ объяснить себѣ этого чуда природы. Французское правописаніе представлялось мнѣ еще мудренѣе дробей. Что ни день, то я и не знаю урока. Какъ ни спросятъ, то и единица, занесеніе моей фамиліи въ Tadel, приказаніе стать въ уголъ или на колѣни. Я видѣлъ, что одними своими силами я не выйду изъ этого положенія, и сталъ просить помощи сверхъ-естественной. Я горячо молился о чудѣ,—чтобы я вдругъ сталъ знать всѣ уроки. Но уроковъ я все-таки не зналъ:

ясно, я получилъ отказъ, я отвергнутъ, оставленъ. За что?! Сначала я впалъ въ отчаяніе; а потомъ «закутилъ»: книжки изорвалъ, мыться пересталъ совсѣмъ, я грубилъ учителямъ и дрался съ товарищами запоемъ. Иногда наступали минуты отрезвленія, я ужасался, пробовалъ остепениться, но напрасно. Я чувствовалъ, что какая-то злая сила овладѣла мною. Эта сила былъ, конечно, чортъ. Я очень серьезно думалъ тогда о чортѣ. Припоминая тогдашнее мое состояніе, я понимаю средневѣковыхъ ребятъ, которые летали на шабашъ вѣдьмъ, предавались изступленнымъ пляскамъ или шли въ крестовый походъ.

Однажды въ классѣ, когда я по обыкновенію ничего не дѣлалъ, мой сосѣдъ по скамьѣ предложилъ мнѣ написать 22226022, увѣряя, что я этого не съумѣю. Я однако написалъ. Сосѣдъ сказалъ, что написать-то я написалъ, но раздѣлить это число на два не смогу;—я раздѣлилъ, и очень успѣшно. Сосѣдъ сказалъ на это: «Молодецъ!»—и съ видомъ довѣрія сообщилъ мнѣ, что полученное частное можно превратить въ прелюбопытное слово, если тутъ сверху придѣлать хвостъ, здѣсь прибавить черту горизонтальную, а тамъ вертикальную. Я придѣлалъ указанные хвосты и черты,—и получилось неприличное слово. Слово было дрянь, но меня заняло совершенно неожиданное примѣненіе ариѳметики. Пока я созерцалъ необыкновенный результатъ, подошолъ надзиратель и выхватилъ у меня бумажку.

— Кто это сдѣлалъ?

— Не я,—говоритъ сосѣдъ, и говоритъ, по моему, правду; вѣдь писалъ не онъ, а я.

— Не я,—говорю и я, и тоже не лгу: выдумалъ не я, а сосѣдъ.

— Хорошо. Васъ разберетъ директоръ.

Пусть разберетъ директоръ,—подумалъ я,— а я хорошенько не могу разобрать: нето я сдѣлалъ, нето не я. Я уже привыкъ къ такой путаницѣ въ своей совѣсти: вѣдь я во власти злой силы, чорта.

Прошло нѣсколько дней. Однажды вечеромъ я чувствовалъ себя особенно тревожно и тяжело. Когда легли спать, я долго не могъ заснуть, а потомъ часто просыпался. Меня будили то какіе-то стоны; я, холодѣя отъ страха, прислушивался,—бредилъ сосѣдъ по кровати. Кто-то страшнымъ голосомъ кричалъ на дворѣ,—выла собака. Что-то стучалось въ окошко. Наконецъ, мнѣ стало казаться, будто въ актовомъ залѣ, на другомъ концѣ дома, играютъ на органѣ. Это было ужасно: всѣ спятъ, ночь, пожалуй даже полночь, въ залѣ темно, и кто-то играетъ на органѣ. Этотъ «кто-то» былъ до такой степени таинственъ и страшенъ, что мнѣ казалось, я вотъ-вотъ сойду съ ума. Я завернулся съ головой въ одѣяло, крестился, молился,—и почувствовалъ, что одѣяло съ меня стаскиваютъ. Стаскиваетъ «кто-то!» Я вскочилъ на кровати и, ожидая, что сейчасъ умру отъ страха, взглянулъ на привидѣніе. Передо мной стоялъ не «кто-то», а надзиратель, отнявшій у меня бумажку съ гадкимъ словомъ.

— Какъ я испугался!—сказалъ я.

— Это оттого, что на совѣсти у тебя лежитъ грѣхъ, таинственно сказалъ надзиратель.

Я не возражалъ: я весь былъ въ грѣхахъ.

— Сейчасъ кто-то игралъ на органѣ. Я очень боюсь.

— Видишь, тебя караетъ Господь; онъ наслалъ на тебя страхъ. Одѣвайся, и идемъ къ директору.

Да, конечно, меня караетъ Господь; конечно, у меня грѣховъ безъ числа. Но какой-же совершилъ я особенно тяжкій грѣхъ, за который меня требуетъ къ отвѣту самъ директоръ, совсѣмъ меня и не знающій, да и требуетъ ночью, въ полночь, когда привидѣнія играютъ на органѣ.

Темная лѣстница, по которой мы спускались, темный дворъ, по которому шли къ флигелю директора, опять темная лѣстница директорской квартиры настраивали меня все суевѣрнѣй. Я ждалъ чудеснаго и мрачнаго. И вдругъ, когда отворилась дверь изъ передней въ директорскій кабинетъ, я увидѣлъ нѣчто дѣйствительно чудесное, но не мрачное, а отрадное. Въ полутѣни у письменнаго стола противъ директора сидѣла дама. Это мать! Въ груди у меня точно растаялъ тяжелый кусокъ льда. Вотъ кто защититъ меня отъ злой силы, которая овладѣла мною! Но около матери стоитъ уже какой-то мальчикъ, а мать держитъ его за руку. Это мой двойникъ!.. А въ двойниковъ, прочитавъ какой-то разсказъ, помнится, Подолинскаго, гдѣ дѣйствуетъ двойникъ, я тоже вѣрилъ и ужасно ихъ боялся.

— Подойди ближе, дитя, — сказалъ директоръ, и сказалъ это печально и торжественно.

Я подошолъ, не спуская глазъ съ сидѣвшей въ тѣни дамы: — это была не мать, а незнакомая мнѣ чужая дама. Стоявшій около нея мальчикъ былъ тотъ мой сосѣдъ по скамьѣ, который научилъ меня написать гадкое слово. И опять въ груди что-то застыло.

— Подойди, дитя, — продолжалъ директоръ, — и обѣщай мнѣ сказать всю правду.

Я обѣщалъ.

— Дитя, это ты сдѣлалъ! — сказалъ директоръ, подавая мнѣ грязную бумажку съ гадкимъ словомъ.

— Нѣтъ, не я.

Директоръ тяжело вздохнулъ. Дама заплакала... Я заставляю этого незнакомаго, важнаго директора вздыхать, а чужую даму, въ богатомъ платьѣ, съ красивымъ, добрымъ лицомъ, плакать! Да, что-то нехорошее совершается со мною, и совершаю я.

— Подумай, — продолжалъ директоръ. — И помни, что въ эту минуту самъ Herr Gott смотритъ на тебя.

Эти слова были сказаны такъ торжественно, темные большіе глаза глядѣли на меня такъ проницательно и вмѣстѣ съ тѣмъ такъ печально, что я повѣрилъ, что на меня дѣйствительно смотритъ самъ Herr Gott,—смотритъ и видитъ, какой я грязный, исцарапанный, лѣнивый, наказанный. Можетъ-ли такой гадкій мальчикъ не быть не виноватымъ! И я съ какимъ-то мучительнымъ удовольствіемъ сказалъ:

— Это я сдѣлалъ.

Директоръ облегченно выпрямился. Дама обняла и стала цѣловать своего сына. А я чувствовалъ, что я какъ-то мудрено и запутанно безъ вины виноватъ, и что почему-то мнѣ такъ и надо! И никому нѣтъ до меня дѣла, никто меня не замѣчаетъ, никто не поможетъ...

4.

Я ошибался. Меня замѣтилъ и мнѣ помогъ превосходный воспитатель и человѣкъ, о которомъ я всегда сохраню благодарныя воспоминанія,—нашъ «новый директоръ», д-ръ Лешъ.

Мой ночной допросъ происходилъ въ началѣ

декабря. Передъ рождественскими каникулами, когда раздавали полугодовыя свидѣтельства, я опять встрѣтился съ директоромъ и опять увидѣлъ его темные глаза.

— Нечего сказать, порадуешь ты мать! — печально сказалъ онъ, подавая мнѣ свидѣтельство.

Въ свидѣтельствѣ значилось, что я 53-й ученикъ изъ 54-хъ. Аттестаціи все были удивительныя и по-нѣмецки выразительныя: grässlich, schändlich niederrägtich, и только по чистописанію значилось: könnte mittelmässig sein, aber ist schlecht. Все это очень естественно, но какъ узналъ директоръ, что у меня есть мать, которую я боюсь огорчить? Почему онъ опечаленъ тѣмъ, что я ее огорчу? Я забился въ уголъ и плакалъ. Изъ угла меня добыла лазаретная дама, фрау Кронеръ, которая сказала, что директоръ велѣлъ меня вымыть въ ваннѣ и вычесать.

Въ сочельникъ для оставшихся въ школѣ пансіонеровъ была устроена елка. Лишь только мы вошли въ комнату, гдѣ она стояла, я увидѣлъ на самомъ видномъ мѣстѣ дерева пучокъ длинныхъ розогъ. Ни секунды я не сомнѣвался, что розги предназначаются для меня. И дѣйствительно, директоръ, раздавъ подарки всѣмъ, снялъ розги и, стыдливо потупивъ глаза, ни слова не промолвивъ, полуотвернувшись, вручилъ мнѣ мой подарокъ. Я взялъ его, отошолъ въ сторону и, съ розгами на колѣняхъ, издали смотрѣлъ на елку. Когда пришли въ спальню, я спряталъ розги въ шкафъ. Дождавшись, чтобы всѣ уснули, я отворилъ шкафъ и долго смотрѣлъ на розги и долго думалъ...

Около новаго года въ Москву пріѣхала моя матушка. Случайно я увидалъ въ окно, какъ она проѣхала по двору къ директорскому флигельку. Какъ теперь помню пеструю ковровую спинку саней ея извощика. Я бросился къ дверямъ, но швейцаръ, латышъ Андрей Индрюнасъ, меня не пустилъ. Я метался отъ окна къ окну въ ожиданіи, что меня позовутъ къ директору, но никто оттуда не приходилъ. Прошло полчаса, прошолъ часъ,—не зовутъ. Наконецъ-то явился за мной директорскій Якобъ. Когда я входилъ въ кабинетъ директора, мать была тамъ и плакала. Директоръ сидѣлъ противъ нея и что-то тихо и успокоительно говорилъ. При моемъ появленіи онъ отвернулся. Что произошло потомъ, я не помню хорошенько. Были пролиты рѣки слезъ, плакали съ часъ времени, тутъ-же въ рабочемъ кабинетикѣ директора, за его рабочимъ столомъ. Директоръ терпѣливо ждалъ, а когда мы кончили, онъ положилъ мнѣ руку на голову и сказалъ:—«Вы видите, сударыня, gnädige Frau, что я сказалъ вамъ правду; вашъ сынъ въ сущности не дурной мальчикъ и непремѣнно исправится».

Въ эту минуту я возродился. На другой день я уже забылъ прошедшіе мрачные пять мѣсяцевъ. Я опять былъ съ матерью, въ томъ-же номерѣ Лоскутной гостинницы. Я опять смотрѣлъ на кремлевскую круглую башню, опять любовался дельфиномъ умывальника; но лампы я уже не «трогалъ», потому-что твердо, всѣми силами души, съ азартомъ рѣшился быть хорошимъ мальчикомъ, да не просто хорошимъ, а такимъ, какихъ немного на свѣтѣ, какихъ описываетъ въ своихъ книжкахъ и рисуетъ на картинкахъ М. О. Вольфъ,—а ужъ этотъ-то добродѣтельный человѣкъ знаетъ толкъ въ хорошихъ мальчикахъ! Была и еще перемѣна. Я не могъ спать на диванѣ, около тяжелаго мраморнаго стола:

мнѣ все казалось, что онъ упадетъ на меня и задавитъ. Мое одичаніе не прошло даромъ для моихъ нервовъ.

Второе полугодіе прошло отлично. Мальчикомъ на картинкѣ я не сдѣлался, достаточно дрался, стаивалъ въ углу, сиживалъ въ карцерѣ, вступалъ въ яростныя препирательства съ надзирателями, имѣли тѣ Recht, или не имѣли, оттрепать меня за уши, но постоянный, неутомимый надзоръ директора поддерживалъ меня. Я превратился изъ 53-го ученика въ восьмого и перешолъ изъ септимы въ сексту. Въ началѣ іюня ночной надзиратель, герръ Кронеръ, долженъ былъ отвезти меня въ почтамтъ на Мясницкую и посадить тамъ въ дилижансъ. Счастливѣй этого дня—говорю это серьезно—въ моей жизни не было. Первыя несчастія миновались, и наступило первое въ жизни сознательное счастье, и какое чистое, какое полное! Другого такого счастья не было и не будетъ: кровь не та, душа не та...

Въ дилижансѣ для меня взяли внутреннее мѣсто, но уже въ Подольскѣ, куда въ то время доходила начатая курская желѣзная дорога, кондукторъ продалъ мое мѣсто какому-то господину, который до Подольска предпочелъ прокатиться по чугункѣ, для многихъ представлявшей въ то время новинку,—а меня посадилъ въ огромный шкафъ для багажа, сзади экипажа.

— Вамъ тутъ вольнѣй будетъ,—сказалъ кондукторъ.

Дѣйствительно было вольнѣй, но было совершенно темно и страшно жарко, потому-что шкафъ былъ желѣзный. И такъ нужно было ѣхать трое сутокъ. Но стоило-ли обращать вниманіе на такіе пустяки, когда я ѣхалъ—домой!

5.

Докторъ Лешъ былъ педагогъ, какихъ я потомъ не встрѣчалъ. Два, три учителя изъ русскихъ, съ которыми я столкнулся впослѣдствіи, пытались копировать нѣмецкаго педагога, «выработаннаго вѣками, съ безчисленнымъ опытомъ», они дѣлали это добросовѣстно, старательно, но у добряковъ ничего не выходило. За ними не было «исторіи», «преданій».

О д-рѣ Лешѣ начну съ выписокъ изъ его писемъ, которыя до сихъ поръ хранятся у моей матери. Въ нихъ рѣчь идетъ, разумѣется, обо мнѣ, но я имѣю въ виду не себя, а моего воспитателя.

Письмо отъ 6 апрѣля 1866 года:

«Что касается прилежанія и успѣховъ Владиміра, то учителя имъ довольны, но мнѣ все-таки кажется, что мальчикъ могъ-бы дать больше. Хотя тутъ все зависитъ отъ настроенія въ данную минуту. Такъ, я часто замѣчалъ, что В. лучше и старательнѣй учится, когда онъ находится въ нѣсколько угнетенномъ настроеніи. Тогда онъ удаляется отъ товарищей, не развлекается и, при его способностяхъ, хорошо успѣваетъ. Другое дѣло, если онъ въ хорошемъ расположеніи духа; тогда шаловливость беретъ верхъ, и съ нимъ трудно справиться. Тогда голова набита вздоромъ, и только настойчивыя и строгія напоминанія могутъ вернуть его къ благоразумію. Надо потерпѣть и подождать; окончательнаго исправленія слѣдуетъ ждать отъ времени и отъ окрѣпшей воли мальчика. Излишняя строгость, безпрерывныя порицанія и выговоры вызовутъ въ немъ искусственное, а потому ложное настроеніе и лишать природной веселости,—или пріучать къ притворству.

«Здоровье В. хорошо. Правда, часто онъ говоритъ, будто нездоровъ, но не потому, чтобы онъ дѣйствительно былъ боленъ, а потому, что на него находитъ упомянутое мною болѣзненное настроеніе. Вмѣсто лазарета, я посылаю его играть, и это приводитъ къ хорошимъ результатамъ. Понемногу онъ веселѣетъ и даже начинаетъ шалить.

«Въ заключеніе, милостивая государыня, прошу васъ обращаться ко мнѣ безъ стѣсненія. Я не обращаю вниманія на безсодержательныя формы и такъ-называемыя приличія. Въ то-же время въ дѣлѣ воспитанія я придаю большую важность—и думаю, что я правъ—искренности и откровенности между родителями и воспитателями. Пишите и говорите со мной, какъ Богъ на душу положитъ, не обращая вниманія на изысканность выраженій. Такъ и я буду вамъ писать».

27 октября 1866 г.

«Въ началѣ семестра втеченіе нѣсколькихъ недѣль успѣхи В. были совсѣмъ слабы: по географіи онъ почти ничего не дѣлалъ, изъ ариѳметики онъ имѣлъ въ среднемъ 1, а изъ русскаго 2. Я смотрѣлъ на это съ сожалѣніемъ и нѣсколько разъ хорошенько его выбранилъ, но послѣдствій это не имѣло. Я не придаю значенія вынужденному прилежанію, потому-что оно не приноситъ прочныхъ плодовъ; если въ ребенкѣ не пробуждено стремленіе къ дѣятельности, никакія наказанія не помогутъ. Поэтому я оставилъ В. въ покоѣ, но не пропускалъ случая давать ему почувствовать, что его поведеніе все больше отдаляетъ его отъ моего сердца, а родителямъ готовитъ одни огорченія. В. замѣтилъ это очень скоро и началъ стараться наверстать упущенное; это ему удалось, и среднія отмѣтки за послѣднія четыре недѣли у него четверки. Итакъ, въ этомъ отношеніи я имъ доволенъ. Съ другой стороны, не все съ нимъ благополучно. Часто, какъ я уже говорилъ вамъ однажды, онъ бываетъ своеволенъ. Правда, это обычное явленіе у здоровыхъ дѣтскихъ натуръ; правда, совсѣмъ подавлять это свойство въ дѣтяхъ отнюдь не слѣдуетъ,—но В. иногда заходитъ слишкомъ далеко, и тогда, конечно, его приходится бранить. Я очень-бы желалъ, чтобы и вы, милостивая государыня, посовѣтовали ему быть скромнѣе. Я-то это дѣлаю, но будетъ дѣйствительнѣй, если то-же онъ услышитъ и отъ васъ. Пока В. лѣнился, онъ не получалъ по воскресеньямъ обычнаго гривенника. Теперь получаетъ и лакомится».

Чрезъ нѣкоторое время я получилъ отъ матушки письмо, котораго желалъ д-ръ Лешъ, съ укорами въ своеволіи. Письмо отдалъ мнѣ самъ директоръ, но не въ школѣ, а у себя на дому.

«Я передалъ В. ваше письмо,—пишетъ матушкѣ д-ръ Лешъ 10 декабря,—и наблюдалъ за впечатлѣніемъ, которое оно на него произведетъ. Мальчикъ дважды прочелъ его съ большимъ вниманіемъ. Я вышелъ изъ комнаты и, когда вернулся, нашелъ В. плачущимъ въ углу, лицомъ къ стѣнѣ. Я остерегся говорить съ нимъ о его слезахъ, чтобы не помѣшать дѣйствію письма».

21 февраля 1867 г.

«Что касается одежды В., то она совсѣмъ не такъ износилась, какъ онъ вамъ пишетъ Правда, сѣрая рубашка загрязнилась, но я приказалъ ее вымыть. Въ другой, именно въ красной, немного былъ разорванъ правый рукавъ,—это починили. Съ панталонами тоже не такъ ужъ худо. Зато сапоги дѣйствительно нуждаются въ основательной починкѣ, хотя безъ новыхъ все-таки можно обойтись».

20 ноября 1867 г.

«Вы выражаете сожалѣніе, что въ школѣ терпятся и дурныя дѣти. Мнѣ кажется, я уже говорилъ вамъ однажды, что великая польза общественной школы между прочимъ заключается въ томъ, что при столкновеніи съ толпой дѣтей складывается характеръ мальчика. Въ родительскомъ домѣ, гдѣ ребенокъ ни минуты не остается безъ надзора, зародыши дурного и хорошаго дремлютъ одинаково, и присущія склонности просыпаются только тогда, когда къ мальчику прикоснется сама жизнь. Тогда-то настаетъ время,—дурное искоренять, хорошее укрѣплять. Мальчикъ, не видавшій дурного, не можетъ ему и противиться, потому-что его не знаетъ. Но свѣтъ населенъ не одними добрыми людьми: рано или поздно онъ столкнется и съ дурными элементами, и горе ему, если онъ окажется безоружнымъ. Изъ того, что В. видитъ и дурныхъ дѣтей, не слѣдуетъ, чтобы нужно и можно было безпокоиться. И гдѣ найдется школа или пансіонъ безъ дурныхъ субъектовъ? Вы скажете, что дурные элементы должно удалять. Нѣтъ! Мы, педагоги, заслуживали-бы строжайшаго порицанія, если-бы отворачивались отъ дурныхъ дѣтей. Вѣдь, мы — воспитатели. Мы дурныхъ должны исправлять, заблудшихъ выводить на дорогу. Не бродило-ли въ свое время и самое лучшее вино? И только тогда, когда безуспѣшно испробованы *всѣ* средства, только тогда школа имѣетъ право исключить ребенка.

«Далѣе, вы, повидимому, самаго дурного мнѣнія о наказаніяхъ, практикуемыхъ гувернерами, если судить по тѣмъ, болѣе чѣмъ колкимъ выраженіямъ, которыя вы употребляете по отношенію къ этимъ господамъ. *Побои* мною строго запрещены; надзиратель или учитель, нанесшій ихъ мальчику, немедленно теряетъ мѣсто. Но и легкими ударами въ школѣ не наказываются ни лѣнь, ни шалости, хотя-бы уже потому, что въ противномъ случаѣ битью не было-бы конца. Однако, что будете вы дѣлать съ *дерзостями?* Слово на дерзкихъ не дѣйствуетъ; карцеръ, какъ опытомъ доказано, для дерзкаго не наказаніе. Остается мальчика исключить? Вотъ мы и пришли благополучно къ альфѣ и омегѣ *здѣшней* педагогики: мы выгоняемъ мальчика, который требовалъ отъ насъ труда для его исправленія, себя отъ этого труда избавляемъ, и наказываемъ родителей, вмѣсто того, чтобы наказать ребенка. Я далекъ отъ отрицанія гуманныхъ основъ современнаго воспитанія, но я знаю также, что безусловное устраненіе ударовъ (не побоевъ) и розги невозможно. Въ то-же время мое чувство возстаетъ противъ тѣлеснаго наказанія въ той формѣ, въ которой оно практикуется въ здѣшней сторонѣ (hier zu Lande), причемъ ребенка сѣчетъ служитель *). Это по меньшей мѣрѣ противно и кромѣ того непрактично и нецѣлесообразно. Наказаніе, разъ оно признано необходимымъ, должно послѣдовать немедленно; въ такомъ случаѣ оно дѣйствительно, иначе—нѣтъ. Я охотно развилъ-бы вамъ мой взглядъ на тѣлесныя нака-

---

*) Тогда въ гимназіяхъ и корпусахъ еще сѣкли.

занія и на наказанія вообще, еслибы мнѣ позволило мѣсто—это обширная и трудная глава педагогики; теперь-же я долженъ удовольствоваться замѣчаніемъ, что, если наказаніе умѣренно и является не местью, но актомъ доброжелательства, оно всегда и во всякой формѣ у мѣста».

26 октября 1868 г.

«Что касается прилежанія Владиміра, то, конечно, предвзятая идея, будто его оставятъ въ квартѣ на другой годъ по причинѣ малаго роста и лѣтъ, не могла серьезно не отразиться на его работѣ, и онъ даетъ меньше, чѣмъ могъ-бы. Я нѣсколько разъ говорилъ, чтобы онъ выкинулъ изъ головы глупыя мысли и учился старательнѣй, но переубѣдить въ подобныхъ случаяхъ очень трудно. Относительно посѣщенія имъ вашихъ знакомыхъ студентовъ я долженъ сказать, что не сочувствую этому. Я ничего не имѣю противъ молодыхъ господъ, которыхъ мало знаю, потому-что видѣлъ ихъ лишь мелькомъ, но думаю, что студенческіе обстановка, отношенія и взгляды—не для ребенка».

4 мая 1869 г.

«Мои опасенія, что идея Владиміра, будто онъ долженъ просидѣть въ квартѣ два года, повредитъ его успѣхамъ, къ сожалѣнію, оправдались. Внутреннее побужденіе къ работѣ ослабѣло, и мои настоянія и объясненія, конечно, не могли его замѣнить. Къ этому присоединилось и еще обстоятельство. Ученики кварты, за однимъ только исключеніемъ, далеко превосходятъ В. лѣтами и тѣлеснымъ развитіемъ; ихъ общество не по душѣ мальчику, онъ охотнѣй сближается съ учениками младшихъ классовъ, а потому у него нѣтъ побудительной причины къ соревнованію съ товарищами. Я все еще надѣялся, что въ послѣднія минуты къ нему вернется прежняя энергія, но ошибся. Правда, онъ былъ прилежнѣй, чѣмъ до Рождества, но настойчивости и постоянства у него все-таки нѣтъ. Мое убѣжденіе—оставить его въ квартѣ еще на годъ, несмотря на то, что совѣтъ учителей разрѣшилъ перевести его съ переэкзаменовкой. Я совѣтую вамъ не пользоваться этимъ разрѣшеніемъ. Опасно съ недостаточными и отрывочными свѣдѣніями попасть въ старшіе классы, гдѣ къ умственной дѣятельности мальчиковъ предъявляются уже значительныя требованія; кромѣ того, сознаніе, что ученикъ не можетъ свободно слѣдовать за преподаваніемъ, обыкновенно ведетъ къ упадку духа, а затѣмъ къ апатіи и равнодушію. Если вамъ угодно отвѣтить мнѣ по этому поводу, соблаговолите поспѣшить письмомъ, такъ какъ по совѣту врачей я долженъ выѣхать въ Карлсбадъ около 16 мая».

Это письмо д-ра Леша было послѣднимъ. Осенью 69-го года меня взяли изъ школы, и я сталъ готовиться къ поступленію въ гимназію. Сдѣлано это было по желанію отца, котораго безпокоило, что школа, несмотря на четырехлѣтнія старанія, не получала правъ.

То, что я привелъ выше, составляетъ только небольшія выписки изъ писемъ д-ра Леша, которыхъ у моей матушки хранится больше десятка. Каждое обыкновенно занимаетъ четыре страницы почтовой бумаги большого формата, исписанныя мельчайшимъ, но необыкновенно четкимъ латинскимъ шрифтомъ. Какъ успѣвалъ д-ръ Лешъ при своихъ безчисленныхъ административныхъ и педагогическихъ заботахъ слѣдить за двумя сотнями однихъ только пансіонеровъ, за всѣми мелочами и подробностями вродѣ цѣлости сапоговъ и панталонъ, да еще писать родителямъ такіе педагогическіе трактаты, это секретъ прирожденнаго, всецѣло преданнаго своему дѣлу педагога.

6.

Докторъ Лешъ въ своемъ школьномъ мірѣ былъ вездѣсущъ, всезнающъ, а потому и всемогущъ. Разумѣется, это давалось не даромъ. Въ пять часовъ утра онъ былъ уже на ногахъ. Весь день въ работѣ. Ложился въ полночь. Ни картъ, ни гостей, ни визитовъ. Трубка, кружка пива, сигара въ видѣ лакомства, вотъ всѣ его удовольствія и развлеченія. Директоръ до такой степени жилъ для школы и школой, что съ людьми внѣшкольнаго міра держалъ себя неловко, почти смущался, почти конфузился. Зато среди топота и гвалта мальчугановъ, среди покрикивающихъ и зорко озирающихся надзирателей д-ръ Лешъ преображался и имѣлъ видъ капитана на кораблѣ, во время бури. Станетъ въ самой толчеѣ рекреаціоннаго зала или садовой площадки, разставитъ ноги и стоитъ,— центромъ, точкой опоры, осью маленькаго школьнаго міра. Къ нему подходятъ съ просьбами и за разъясненьями мальчуганы, надзиратели, учителя, онъ всѣхъ выслушиваетъ и всѣмъ даетъ обстоятельные отвѣты. Его темные глаза неизмѣнно серьезны, иногда строги, рѣдко страшны,—очень страшны!—но никогда никто не видѣлъ въ нихъ ни злости, ни раздражительности, ни какого-либо другого нездороваго или недостойнаго чувства. Настоящій капитанъ въ бурю. Когда онъ разговариваетъ съ надзирателемъ о чемъ-нибудь важномъ, онъ прикладываетъ указательный палецъ къ носу и нажимаетъ такъ сильно, что сворачиваетъ его насторону. Но и самъ директоръ, и его носъ, и его палецъ такъ благообразны, что даже самому смѣшливому мальчугану это не кажется смѣшнымъ; наоборотъ, всѣ съ уваженіемъ въ эту минуту сознаютъ, что директоръ рѣшаетъ какой-то очень важный вопросъ. Иногда директоръ прикрикнетъ на черезчуръ расходившагося школьника, и тутъ-то его глаза дѣлаются странными, а голосъ превращается въ басъ, громкій какъ труба. Нетолько виноватый, но и вся толпа вдругъ стихнетъ: — загремѣлъ громовержецъ. Но Юпитеръ благъ, и чрезъ секунду, другую, опять все шумитъ и вертится. Иногда громовержецъ усмѣхнется чьей-нибудь забавной выходкѣ, какому-нибудь удивительному скачку, или сверхъ-естественному паденію, или курьезному крику,—онъ любитъ этихъ шумящихъ мальчугановъ, знаетъ ихъ міръ, чувствуетъ всѣ оттѣнки его жизни, понимаетъ всѣ его стороны, хорошія и дурныя, смѣшныя и трогательныя,—усмѣхнется, и серьезное лицо вдругъ необыкновенно привлекательно просвѣтлѣетъ, и строгіе глаза засвѣтятся ласковымъ удовольствіемъ. Черезъ минуту онъ опять величаво спокоенъ, опять—Юпитеръ.

Вездѣсущіе директора и теперь представляется мнѣ непостижимымъ. Часто видишь его, проснувшись въ глухую ночь, въ спальнѣ: ходитъ неслышно, какъ тѣнь, всѣхъ осматриваетъ, прислушивается, поправляетъ подушки и одѣяла. Во время урока, лишь только заговоришь съ сосѣдомъ или займешься чѣмъ-нибудь постороннимъ,—стукъ въ стекло дверей, а сквозь стекло въ темномъ корридорѣ различаешь рыжіе бакенбарды и строгіе глаза директора; грозитъ пальцемъ, а губы шепчутъ знакомое «Wart'du Knirps!» Вечеромъ готовимъ уроки. Тишина. Надзиратель зазѣвался. Пользуясь этимъ, кое-кто занятъ не уроками. Одни потихоньку играютъ въ перышки. Другой жуетъ резинку, приготовляя снимку. Третій читаетъ. Четвертый просто ковыряетъ въ носу. И вдругъ на плечо ложится чья-то рука. — Директоръ! Когда онъ вошолъ и какъ вошолъ, неизвѣстно. Ни дверь не скрипнула, ни шаговъ не было слышно. Мало того, никто не слышитъ, какъ попавшійся шалунъ отправляется къ стѣнѣ. — «Безъ шума!» — шепнетъ директоръ, и шалунъ точно по воздуху плыветъ въ уголъ. Очередь за слѣдующимъ, за любителемъ легкаго чтенія. Внезапный небольный ударъ по затылку, виновный вздрагиваетъ и тоже плыветъ по воздуху къ стѣнѣ. И такъ наловитъ директоръ до десятка. Когда кончено съ послѣднимъ, только тогда директоръ возвышаетъ голосъ и, сдѣлавъ страшные глаза, начинаетъ отчитывать шеренгу оштрафованныхъ. Онъ говоритъ такъ строго, что душа въ пятки уходитъ, но никогда не срывается съ его губъ ни грубое, ни обидное, ни бранное слово: Junge, Knirps, въ крайнемъ случаѣ Teekessel, — вотъ и все. Другіе употребляли выраженія: Taugenichts, Kameel, даже Schaafsgesicht — директоръ никогда. Другіе раздавали подзатыльники, дирали за уши, иногда награждали хорошей пощечиной, — мы знаемъ, директоръ въ нѣкоторыхъ случаяхъ это допускалъ, — но самъ онъ никогда не дрался; только иной разъ легонько стукнетъ табакеркой по головѣ или возьметъ двумя пальцами за ухо. И это было страшнѣй подзатыльниковъ, иногда поистинѣ колоссальныхъ, вспыльчиваго швейцарскаго итальянца Д. или трепокъ за волосы нѣмца В., которыя бывали жестоки во время мигреней, одолѣвавшихъ бѣднаго В.

Директоръ былъ вездѣ, зналъ все, поэтому онъ и могъ все. Самыя неистовыя драки, самые шумные бунты — конечно, по поводу пищи: другихъ въ пансіонахъ и на русскихъ фабрикахъ, кажется, не бываетъ, — прекращались однимъ появленіемъ директора; тогда-какъ никакіе крики и пинки надзирателей не могли укротить расходившіяся страсти. Повторяю, это давалось не даромъ. Изъ цитированныхъ писемъ д-ра Леша видно, какъ пристально онъ слѣдилъ за мной, а я вовсе не былъ какимъ-нибудь его любимцемъ. Я пользовался лишь вниманіемъ педагога наравнѣ со всѣми остальными; педагогъ меня воспитывалъ, какъ воспитывалъ и моихъ товарищей. А это было трудной работой, требовавшей неусыпной энергіи и полной преданности дѣлу.

И дѣйствительно, гдѣ-бы д-ръ Лешъ ни былъ, что-бы ни происходило въ его личной жизни, онъ никогда не забывалъ школы и ея мальчугановъ. Наканунѣ выѣзда изъ Москвы къ больному при смерти отцу, котораго онъ очень любилъ, д-ръ Лешъ пишетъ моей матушкѣ письмо, гдѣ говоритъ, что удивляется, почему она рѣдко получаетъ отъ меня извѣстія, такъ-какъ онъ заставляетъ меня писать часто и самъ во время прогулки бросаетъ мои письма въ ящикъ. Когда онъ ѣздилъ заграницу, жениться, онъ привезъ оттуда вмѣстѣ съ милой молодой женой новое лѣкарство для упорно хворавшаго пансіонера. А вѣдь для этого онъ долженъ былъ, среди приготовленій къ свадьбѣ, ходить по докторамъ и толковать съ ними обстоятельно и по-долгу, по-нѣмецки.

Пока д-ръ Лешъ былъ холостъ, его маленькая квартирка принадлежала не столько ему, сколько школьникамъ. Всегда отъ ранняго утра до поздней ночи можно было найти тамъ нѣсколько мальчугановъ. Это были то сони, лѣнившіеся вставать, которымъ было приказано являться ровно въ шесть часовъ утра; то лѣнивцы, которыхъ надзиратели не могли заставить готовить уроки; то шалуны, отъ которыхъ отказывалось прочее начальство; то слабые по латинскому языку изъ класса, въ которомъ преподавалъ директоръ.

Во время эпидемій директорская квартира превращалась въ больницу и бывала переполнена ребятами въ кори и скарлатинѣ. Директору оставались двѣ крохотныя конурки, спалъ онъ на диванѣ, ѣлъ на письменномъ столѣ. И какъ трогательно онъ за нами ухаживалъ, вмѣстѣ съ своимъ лакеемъ (онъ-же и переводчикъ въ бесѣдахъ съ неговорившими по-нѣмецки), колонистомъ Якобомъ. Баловства не было, никакихъ игрушекъ или лакомствъ онъ намъ не дарилъ,— да изъ какихъ средствъ онъ-бы это дѣлалъ!— но уходъ былъ заботливый, почти женскій. И д-ръ Лешъ какъ-будто боялся, что, превратившись въ сидѣлку, онъ все еще слишкомъ директоръ и недостаточно сестра милосердія. Предъ капризами больного ребенка онъ робѣлъ, и у него капризничали больше, чѣмъ въ лазаретѣ у фрау Кронеръ, которая и вся-то была ростомъ съ наперстокъ, чуть больше своей восьмилѣтней дочки, Ади. Выздоравливающіе скучающіе мальчуганы ходили по всѣмъ комнатамъ, рылись въ книгахъ директора, мѣшали ему работать, надоѣдали ему болтовней, — онъ не останавливалъ, никогда не сердился, а только жалобно улыбался да вздыхалъ. Зато, когда мальчуганъ выздоравливалъ и возвращался въ школу, на корабль, директоръ опять превращался въ капитана, привычнаго къ бурямъ и воплощающаго въ себѣ разумную, но непреклонную дисциплину.

Одинъ изъ такихъ переходовъ отъ кроткой сестры милосердія къ суровому капитану я испыталъ на себѣ, притомъ въ очень рѣзкой формѣ. Наканунѣ я былъ еще въ квартирѣ директора и безъ церемоніи рылся въ его библіотекѣ, разсматривая иллюстрированную исторію Греціи; директоръ только просилъ меня не разорвать какъ-нибудь картинокъ, потому-что книга дорогая и, главное, подарена ему въ день окончанія гимназіи его матерью. На слѣдующее утро меня выписали здоровымъ. Было воскресенье. Я имѣлъ право получить мой гривенникъ на лакомство, но такъ-какъ я прохворалъ мѣсяцъ и денегъ не бралъ, то я и думалъ, что могу просить не гривенникъ, а всѣ накопившіяся сорокъ копѣекъ. За подтвержденіемъ правильности моихъ соображеній я обратился къ одному изъ «большихъ». Тотъ, напередъ распросивъ, что именно куплю я на сорокъ копѣекъ, получивъ обѣщаніе подѣлиться съ нимъ гостинцами и замѣнивъ, имѣя въ виду, конечно, себя, тягучки чайной колбасой, нашолъ, что права мои на четыре гривенника безспорны, и вызвался изложить мои требованія въ письмѣ къ директору, написанномъ понѣмецки и по всѣмъ правиламъ вѣжливости. Письмо едва умѣстилось на четырехъ страницахъ, написано было съ великолѣпными хвостами и завитушками; слогъ его, по моему мнѣнію, былъ дивный. Было и обращеніе къ «многочтимому и попечительному господину директору санктпетри-паули-кнабен-шуле», и заключеніе: «принимая смѣлость почтительнѣйше просить объ удовлетвореніи вышеизложеннаго ходатайства о сорока копѣйкахъ, имѣю честь и счастье именоваться вашимъ, милостивый государь, искреннимъ почитателемъ, ученикомъ сексты такимъ-то». Въ самомъ письмѣ почтительно, но неопровержимо доказывалось, что я имѣю право, ich habe das Recht, получить не одинъ, а четыре гривенника. Подписался я съ лихимъ росчеркомъ и былъ увѣренъ, что директоръ будетъ восхищенъ такимъ письмомъ. Вышло наоборотъ, да не просто, а сто разъ наоборотъ: меня чуть не высѣкли, и никогда розга не была такъ близко отъ меня, какъ въ этотъ разъ.

Русскій человѣкъ никогда не можетъ предвидѣть, когда нѣмецъ засмѣется и когда онъ разсердится. Это замѣтилъ еще Тургеневъ. Это замѣтилъ и я, слишкомъ замѣтилъ. Лишь только директоръ прочолъ мое посланіе, громовымъ голосомъ приказалъ онъ Якобу подать шубу, шапку и калоши, быстрымъ шагомъ пришолъ въ школу, потребовалъ меня въ пріемную, маленькую, холодную, пустую комнату подъ сводами, оклеенную обоями подъ мраморъ,—и я вмѣсто вчерашняго смущеннаго добряка, жалобно просившаго меня не портить его книгъ, увидѣлъ предъ собою рыкающаго льва.—«Это неслыханно! Это безстыдно! Это невозможная дерзость! Этого я не допущу въ моей школѣ!» Я былъ ошеломленъ и стоялъ какъ каменный.—«Теперь ты долженъ быть высѣченъ и будешь высѣченъ сію минуту!»—Я безусловно вѣрилъ директору въ дѣлахъ моей совѣсти. Если онъ говоритъ, что я виноватъ,—значитъ, я виноватъ; но тутъ я рѣшительно, какъ ни старался, виновнымъ себя не считалъ и молчалъ, но молчалъ, должно быть, очень выразительно, потому-что директоръ вдругъ утихъ, повернулся, вышелъ, а дверь заперъ на ключъ и ключъ вынулъ. Мною овладѣло еще большее недоумѣніе. Отъ недоумѣнія я заснулъ и спалъ, какъ это всегда бываетъ съ осужденными предъ казнью, крѣпко. Я проснулся отъ легкаго прикосновенія чьей-то руки къ моей головѣ. Предо мной стоитъ директоръ. Часъ казни ударилъ!

— Ступай къ моему Якобу, вдругъ слышу я ласковый голосъ директора,—и скажи, чтобы онъ далъ тебѣ позавтракать. Ты проспалъ школьный завтракъ.

Иду къ Якобу и возвращаюсь.

— Якобъ говоритъ, что отъ вашего завтрака ничего не осталось. Остатки съѣли онъ и вашъ Даксъ.

— Досадно, что Якобъ и Даксъ такъ прожорливы. Возвращайся къ Якобу и скажи, чтобы онъ сварилъ тебѣ кофе, далъ одинъ—нѣтъ, два—бутерброда, а на бутерброды положилъ-бы колбасы. Колбаса въ верхнемъ правомъ шкафу буфета, на второй полкѣ.

Никогда я такъ вкусно не завтракалъ. О розгахъ не было и помина,—я это понялъ сейчасъ-же; но объяснить себѣ этого происшествія я и сейчасъ не могу. Это какая-то нѣмецкая тайна.

7.

Преподавателемъ д-ръ Лешъ былъ такимъ-же искуснымъ, какъ и воспитателемъ. Его уроки больше походили на игру, чѣмъ на ученье. Въ классѣ директоръ появлялся неизмѣнно добрымъ, оживленнымъ и веселымъ. Раздавалась команда: спрятать книги въ сумки. Начиналась суета. Собирали книги, навѣшивали сумки, брали портфели подмышки. Казалось, собираются на веселую прогулку.—«Готовы?»—Готовы. Какой-нибудь нерасторопный мальчуганъ еще возится со сборами, директоръ надъ нимъ подшучиваетъ, всѣ смѣются. Наконецъ, все въ порядкѣ. Глубокая тишина. Пятьдесятъ паръ блестящихъ дѣтскихъ глазъ смотрятъ на учителя и ждутъ. Директоръ съ лукавымъ видомъ нюхаетъ табакъ. «Вниманіе! Aufgepast! Doleo, третье лицо единственнаго числа plusquamperfecti conjunctivi.» Секунда молчанія, директоръ смотритъ орломъ, ищетъ, кого спросить. Онъ глядитъ налѣво, на заднюю скамью,—у задней скамьи занимается дыханіе. И вдругъ директоръ вызываетъ мальчугана справа, съ передней скамейки. Тотъ зѣвалъ и не можетъ отвѣтить. Директоръ не ждетъ:—«Слѣдующій!»—Не знаетъ. «Слѣдующій! Слѣдующій!» Наконецъ находится мальчуганъ, дающій вѣрный отвѣтъ.—«Молодецъ! Пересаживайся на мѣсто перваго спрошеннаго».—Мальчуганъ на нѣсколько мѣстъ становится выше, чѣмъ былъ по окончаніи послѣдняго урока, и расцвѣтаетъ. Лишь только совершилась пересадка, опять лукавое лицо, опять понюшка табаку, новое «Aufgepasst!» новый вопросъ, новое напряженіе со стороны мальчугановъ, новое соревнованіе знаній, способностей, вниманія, расторопности и, иной разъ, новая игра случая и счастья. Этимъ путемъ поддерживались неослабѣвающіе вниманіе и интересъ. Никто никогда не скучалъ, не зѣвалъ, не занимался постороннимъ. Считывать и подсказывать было невозможно: у директора было точно сто глазъ, и онъ видѣлъ нетолько впереди, но какъ-будто и позади себя. Все шло живо, быстро, оживленно. Директоръ ни на минуту не присаживался, сыпалъ шутками, замѣчаніями. Мальчуганы, безпрестанно пересаживаясь, перебѣгали съ мѣста на мѣсто прямо по столамъ, роняя книги и буттерброды. Что можетъ быть скучнѣе спряженій и склоненій! Вертѣть и выворачивать одно и то-же слово на тысячу ладовъ и безъ всякой надобности,— это мука и для школьника, и, кажется, для самого несчастнаго слова. А у насъ эти уроки считались удовольствіемъ, и успѣхи достигались блестящіе. О переутомленіи учащихся, несмотря на то, что во все время урока учитель держалъ ихъ въ полномъ напряженіи, не было и рѣчи. Наоборотъ, по окончаніи урока мы бывали веселѣе и бодрѣе прежняго. Но какъ не утомлялся учитель, этого я не понимаю. Не можетъ-же быть, чтобы у него было какое-нибудь особенное гигантское здоровье—да онъ и прихварывалъ нерѣдко,—какіе-нибудь изъ особеннаго матеріала сдѣланные, нѣмецкіе, нервы. Должно быть, все дѣло въ любви къ своему занятію и въ выработанности пріемовъ.

Докторъ Лешъ былъ идеальнымъ педагогомъ и преподавателемъ, но и остальные учителя, изъ тѣхъ, которыхъ привлекъ въ школу директоръ,— конечно, нѣмцы,— приближались къ идеалу. Такимъ былъ, напримѣръ, инспекторъ, докторъ Хенлейнъ, уже давно покойный. Это былъ тоже педагогъ по призванію. Маленькій, розовый и бѣлый, какъ барышня, совершенно лысый и беззубый, съ веселыми добродушными голубыми глазами и огромной бородой, неумолчный и неистовый крикунъ, онъ былъ-бы смѣшонъ, еслибы въ школѣ и въ классѣ онъ не чувствовалъ себя какъ рыба въ водѣ. И мы понимали, что онъ—часть школы, что онъ необходимая ея часть, что онъ—Herr Inspector. Онъ игралъ съ нами въ чехарду и въ мячъ, и дѣлалъ это съ увлеченіемъ, точно мальчикъ, но въ то-же время ухитрялся оставаться властью, инспекторомъ. Онъ былъ вспыльчивъ. Вспыливъ во время урока (онъ преподавалъ греческій языкъ, котораго былъ знатокомъ),—онъ кричалъ такъ, что дрожали стекла въ окнахъ и барабанныя перепонки въ ушахъ. Но мы не обижались, чувствуя, что это кричитъ и сердится не злой человѣкъ, а скрипитъ необходимое колесо школы, потому-что ему недостаетъ масла,—хорошаго ученическаго отвѣта. Во время урока д-ръ Хенлейнъ *жилъ* урокомъ,—вопросами, отвѣтами, удачами и неудачами. У него вниманіе учениковъ тоже не ослабѣвало ни на минуту, и тоже я не помню, чтобы утомляли, а тѣмъ болѣе переутомляли вопли негодованія, крики торжества, стоны изнеможенія при тщетныхъ усиліяхъ и ревъ поощренія при одолѣніи препятствія, неумолчно издававшіеся нашимъ крикуномъ и гремѣвшіе по всѣмъ тремъ этажамъ школы.

Назову еще учителя латинскаго языка Г., у котораго я учился въ квартѣ. Переводили Саллюстія, его прѣсные разсказы, написанные словно нарочно для измора младшихъ классовъ среднеучебныхъ заведеній. Саллюстій дѣлался ученикамъ противенъ уже со второго урока,—какую-же колоссальную оскомину долженъ онъ былъ набить учителю, который читаетъ его изъ года въ годъ! Но Г. не робѣлъ. Въ правой рукѣ держитъ книгу, лѣвую зачѣмъ-то зажметъ подъ правую и такъ скрючивается, такъ жмется, такъ усердно везетъ урокъ, распутывая конструкцію фразъ, что мы, словно прохожіе къ остановившейся ломовой лошади, подскакивали къ нему на помощь и дружно подымали тяжелый возъ конструкцій въ гору.

Почти всѣ нѣмцы болѣе или менѣе приближались къ описаннымъ учителямъ. Совсѣмъ иначе было съ соотечественниками, и русскіе преподаватели представлялись намъ какими-то шуточными, не настоящими учителями.

Типы учителей старой, дореформенной, николаевской русской школы, будь то бурса, кадетскій корпусъ или гражданская гимназія, хорошо извѣстны. Это были или представители стараго режима розги и самодурства, или тайные и полутайные протестанты противъ школьныхъ порядковъ въ частности, и тогдашнихъ русскихъ порядковъ вообще. Эти типы вы встрѣчали у Помяловскаго, у Шеллера-Михайлова, у Писемскаго. Самодуръ поролъ и рычалъ. Онъ въ школѣ былъ «богъ и царь». Школьники были какая-то покоренная раса, а учитель — проконсулъ и сатрапъ, поддерживавшій порядокъ и свой авторитетъ жестокостями и казнями. Протестантъ является у названныхъ писателей нерѣдко пьющимъ запоемъ, озлобленнымъ человѣкомъ. Самодуръ торжествовалъ; протестантъ подъ гнетомъ окружающаго былъ исковерканнымъ, изломаннымъ, злымъ и шипящимъ созданіемъ. Онъ сознавалъ свое униженіе и протестовалъ, но, конечно, не предъ начальствомъ, а предъ учениками. Дѣлалъ онъ это, разумѣется, осторожно, даже трусливо, полусловами, намеками, ужимками. То онъ коментировалъ Гоголя, то онъ, выслушивая отъ учениковъ разсказы о подвигахъ самодуровъ, загадочно улыбался. Только съ особенно довѣренными учениками онъ пускался въ полныя откровенности и проповѣдывалъ имъ фурьеризмъ, подобно «хромому учителю» въ «Бѣсахъ» Достоевскаго, или какой нибудь малороссійскій сепаратизмъ, какъ учитель математики, Дрозденко, въ «Людяхъ сороковыхъ годовъ» Писемскаго. Старые учительскіе типы установились твердо:—Аракчеевы и Езопы; изрѣдка къ нимъ присоединялся какой-нибудь Рудинъ. Типы русскихъ учителей времени реформъ литературой не затронуты, можетъ быть, потому, что они удивительно безцвѣтны. Впервые я познакомился съ ними въ нѣмецкой школѣ.

Это были очень милые, воспитанные, образованные и гуманные, словомъ, пореформенные молодые люди. Съ учениками они были изысканно вѣжливы. Педагоги въ свое время учились понятливо и прилежно, многіе «съ каѳедры отлично ее преподавали», но мы, ученики деректора Леша, инспектора Хенлейна и имъ подобныхъ наставниковъ и воспитателей, упорно отказывались видѣть въ нихъ учителей, а не какихъ то чужихъ господъ, морившихъ насъ скукой и вѣжливостью. И сами эти господа смертельно скучали и утомлялись. Настоящій учитель долженъ вставать въ пять часовъ утра и садиться за поправленіе ученическихъ тетрадокъ; вѣжливый господинъ подымался только, чтобы не опоздать къ уроку, и появлялся съ заспанными глазами и неудержимой зѣвотой. Настоящій учитель никогда не сидитъ; вѣжливый господинъ, какъ вошолъ въ классъ, такъ и приросъ къ стулу. Учитель долженъ знать всѣхъ учениковъ по фаміліямъ; вѣжливый господинъ вызываетъ мальчугановъ такъ:—«Господинъ, подпрыгивающій на задней скамейкѣ! Господинъ, обходящійся безъ посредства носового платка!»—Учитель возвращаетъ тетрадки аккуратно, по разъ заведенному порядку, изучаетъ ученическія работы насквозь, такъ-что сейчасъ видитъ, кто самъ работалъ, кто списалъ, даже у кого списалъ, и ужъ не пропуститъ ни одной ошибки; милый и вѣжливый господинъ держитъ тетради по мѣсяцу, иной разъ ихъ даже теряетъ, отличить списаннаго отъ самостоятельнаго не въ состоянiи, въ тетрадкахъ, которыя у него побывали,—папиросный пепелъ, волоса, одинъ разъ нашлась женская подвязка! И вѣдь дѣльные были люди; кое-кто изъ нихъ впослѣдствiи сдѣлались извѣстными профессорами и солидными учеными, но въ качествѣ педагоговъ они и въ подметки не годились совершенно неизвѣстнымъ и совсѣмъ не ученымъ Шульцамъ и Мюллерамъ. Шульцъ и Мюллеръ срослись со школой, стали частью ея, жили учениками, тетрадками, успѣхами и лѣнью учениковъ, строптивостью и послушанiемъ ребятъ, а главное, вѣрили въ свое дѣло и въ тѣ способы и прiемы, помощью которыхъ они его дѣлали. Все это создавало живую школу, а не «учебную команду»; педагоговъ, а не фельдфебелей. У вѣжливыхъ и милыхъ господъ этой основы не было. У каждаго, вѣроятно, былъ свой идеалъ школы и воспитанiя, даже навѣрно былъ (потому-что ужъ очень развитые были господа), но у всѣхъ разный и у всѣхъ не соотвѣтствовавшiй порядкамъ данной школы. Поэтому никто изъ нихъ и не заботился что-нибудь дѣлать: одинъ въ полѣ не воинъ. И вотъ, воинъ поздно вставалъ, тетрадки терялъ, никого изъ ребятъ въ лицо не зналъ, въ классѣ полудремалъ, заносилъ съ собою женскiя подвязки. Ученики отлично видѣли, какъ каторжно скучаетъ учитель, и сами скучали-бы такъ-же каторжно, еслибы не играли во время урока въ перышки, не читали романы или попросту не спали. Все это, благодаря «гуманности» учителя, дѣлать было возможно, и это спасало.

Теперь представьте себѣ, что учитель — не гуманный молодой человѣкъ, занимающійся преподаваніемъ въ школѣ по вольному найму и лишь въ ожиданіи лучшихъ занятій, а господинъ съ характеромъ, на коронной службѣ, твердо рѣшившій выслужиться въ инспекторы и даже директоры. Представьте, что начальство учебнаго заведенія не раздѣляетъ убѣжденія доктора Леша, что, если у мальчика нѣтъ внутренняго побужденія къ работѣ, то внѣшнія мѣры принесутъ ему только вредъ, и широко примѣняетъ эти мѣры въ образѣ «желѣзной дисциплины» и въ видахъ выжиманія хорошихъ отмѣтокъ, которыми можно щегольнуть и отличиться по службѣ. Представьте, что при такихъ условіяхъ смертельно скучающій ученикъ не можетъ ни спать, ни играть въ перышки, ни читать романы, а долженъ во что-бы то ни стало скучать, скучать пять, шесть часовъ въ день, скучать сегодня, завтра, годъ, восемь лѣтъ,—и вы получите образцово «переутомленнаго» субъекта, которыми полны наши средне-учебныя заведенія, и о которыхъ такъ хлопочутъ въ газетахъ, педагогическихъ обществахъ и коммиссіяхъ. Причина «переутомленія» не въ классицизмѣ, не въ обиліи работы, не въ пресловутой «нейрастеничности» современнаго учащагося поколѣнія, ни даже въ сухости учебниковъ, дѣйствительно плохихъ, а единственно въ учителѣ и воспитателѣ, въ томъ миломъ и вѣжливомъ господинѣ, который не созданъ, не выработанъ для школы, который въ ея стѣнахъ скучаетъ, авторитетъ котораго поддерживается внѣшней дисциплиной, — который въ русской школѣ извѣстенъ подъ именемъ «начальства» — слово, совершенно непонятное для нѣмецкаго школьника, — и который школу превращаетъ въ учебную команду. Дореформенная русская школа была даже лучше реформированной. Тамъ была, хоть дикая, хоть контрабандная, но все-же свобода. Правда, за проявленія свободы платились розгой, но розга была монетой, на которую покупалась свобода. Въ новой школѣ свободы ужъ ни за какую цѣну не достанешь: монета-розга изъята изъ обращенія. Не подчиняется малый «желѣзной дисциплинѣ»—его исключаютъ: ступай на пять лѣтъ въ солдаты.

8.

Были, однако, и исключенія, какъ между русскими учителями, такъ и среди нѣмцевъ. Я помню хорошаго русскаго преподавателя и плохого нѣмецкаго. Первый—раритетъ; второй былъ курьезомъ въ высшей степени. Поэтому я о нихъ обоихъ скажу нѣсколько словъ.

Русскій преподаватель, усвоившій себѣ бодрящую, устранявшую всякій вопросъ о переутомленіи манеру нѣмцевъ, былъ законоучитель, батюшка Виноградовъ, серебряный, розовый, тучный и крѣпкій, какъ дубъ, старикъ, преподававшій въ школѣ съ незапамятныхъ временъ, съ незапамятныхъ временъ возившійся съ нѣмцами, но стойко не выучившійся ни одному нѣмецкому слову, подобно тому какъ стойкіе нѣмцы въ пятьдесятъ лѣтъ не выучиваются ни одному русскому. Д-ръ Лешъ и отецъ Виноградовъ питали другъ къ другу искреннее расположеніе, обмѣнивались понюшками табаку, но объяснялись только дружелюбными кивками, широкими улыбками да привѣтливыми мычаніями. Для класса отецъ Виноградовъ былъ уже тяжеленекъ, но превосходны были его ежедневныя бесѣды съ нами за общей утренней молитвой. Сначала прочтетъ «Отче нашъ», потомъ интересно, поучительно и понятно разскажетъ что-нибудь о святомъ, памяти котораго посвященъ тотъ день, пожуритъ и даже прикрикнетъ на того, кто невнимательно слушаетъ, наконецъ скажетъ:—«Ну, ребятки, теперь пойдемъ учиться, да хорошенько».—Мальчуганы съ шумомъ окружатъ его и вмѣстѣ, точно стадо цыплятъ, съ огромной, широкополой, бѣлоголовой насѣдкой по-серединѣ, болтая и шумя, выйдутъ изъ молитвеннаго зала. Я помню наше недоумѣніе, когда смѣнившій отца Виноградова законоучитель, молодой, благообразный академикъ, вмѣсто того, чтобы отечески побесѣдовать съ нами, торопливо и смущенно вошелъ, сталъ не на каѳедру лицомъ къ намъ, а впереди и спиною, торопливо началъ читать молитвы и читалъ ихъ полчаса. Мы не успѣвали слѣдить за чтеніемъ, переминались съ ноги на ногу, скучали, зѣвали и, когда онъ наконецъ кончилъ, почтительно дали дорогу его магистерскому кресту, и никто не рѣшился заговорить съ нимъ. Батюшка Виноградовъ иной разъ добирался до ушей. Новый законоучитель всѣмъ говорилъ «вы» и, конечно, «господинъ». Какіе мы—«господа», думали мы, которые дрались какъ пѣтухи, гримасничали какъ обезьяны, за что и получали нерѣдко подзатыльники.

Отъ реформъ д-ра Леша, обновившаго весь составъ учителей, почему-то уцѣлѣлъ одинъ обломокъ школьной старины, Herr Doctor К.

Кто былъ герръ К., откуда, какое его прошлое, я не знаю. Помню только его разсказы, во время рекреацій, по поводу его золотыхъ часовъ и большого перстня съ краснымъ камнемъ. Часы и перстень, по его словамъ, были ему пожалованы въ концѣ царствованія императора Александра I за преподаваніе при дворѣ нѣмецкаго языка. Эти разсказы производили на насъ глубокое впечатлѣніе и внушали къ разскащику почтеніе. Разсказывалъ К. съ величественнымъ и многозначительнымъ видомъ, задумчиво глядя въ пространство своими мутными, выпуклыми, когда-то, должно быть, синими глазами. Величественъ былъ его замѣчательно узкій горбатый носъ, въ табакѣ и красныхъ жилкахъ. Величественны были длинные сухіе волосы, зачесанные назадъ съ высокаго выпуклаго лба. Величава была его высокая широкоплечая фигура, вся въ черномъ. На одну ногу онъ прихрамывалъ и внушительно опирался на костылекъ-палку. Зимою онъ носилъ бобровую шапку особой художественной формы и шубу, скроенную тоже какъ-то необыкновенно, какимъ-то «костюмомъ». Это къ старику шло, но мѣхъ, и на шапкѣ, и на шубѣ, былъ очень ветхъ, на видъ старѣй самого К.

Учителемъ К. былъ невозможнымъ. У старика была манія—ловить и наказывать невнимательныхъ. Это поглощало все время, и на урокъ почти ничего не оставалось. Всѣ должны были сидѣть истуканами и не спускать съ К. глазъ. Чуть кто-нибудь взглянетъ въ сторону, К. уже зоветъ къ себѣ, велитъ выставить ладони и пребольно начинаетъ бить по нимъ табакеркой, плашмя или ребромъ, смотря по степени вины. При этомъ обязательно было плакать; покуда не заплачешь, старикъ все будетъ бить. Чуть кто-нибудь возьмется безъ надобности за ручку, карандашъ, ножикъ или часы, К. въ ту-же секунду увидитъ, сдѣлаетъ хитрѣйшее лицо и начинаетъ манить къ себѣ виноватаго пальцемъ, замѣчательно тонкимъ и маленькимъ.

— Игрушкэ! Spielzeug! Пожальстэ!—говоритъ онъ—Gieb mal her!

Нечего дѣлать, виноватый идетъ и несетъ съ собой «игрушку». Въ такихъ случаяхъ расправа табакеркой была уже варварская: старикъ билъ по локтямъ; а игрушка отбиралась, и никакія слезы, никакія мольбы, ни даже вмѣшательство родителей и самого всемогущаго директора не могли вернуть отобранной вещи, будь то хоть дорогіе золотые часы. Сначала мы думали, что К. продаетъ вещи, но товарищи, жившіе у него на хлѣбахъ, передавали, что у К. цѣлые сундуки отобранныхъ предметовъ, цѣлые вороха ручекъ, ножей, резинокъ, часовъ, карандашей, пеналей, линеекъ. Старикъ держалъ все это въ величайшемъ порядкѣ, никогда ничѣмъ не пользовался и только время отъ времени открывалъ сундуки, любовался заключенными въ нихъ сокровищами и заставлялъ любоваться своихъ нахлѣбниковъ. Это была какая-то манія.

Иногда К. вдругъ начиналъ столоваться съ пансіонерами. Это была кара небесная. Всѣ должны были ѣсть молча и между кушаній сидѣть неподвижно. При малѣйшемъ нарушеніи этого распоряженія, К. отымалъ у виновнаго его порцію чая, булки, супа, мяса и съ величайшимъ аппетитомъ съѣдалъ. Аппетитъ у старика былъ чудовищный, и онъ могъ лишить обѣда десятокъ несчастныхъ мальчугановъ. По окончаніи обѣда голодные горько плачутъ, а старый чудакъ величественно разсядется въ рекреаціонной залѣ, сосетъ сигару, столь-же огромную, сколь дешевую, и милостиво разсказываетъ обступившимъ его мальчуганамъ исторію своихъ часовъ и перстня; ласкаетъ маленькихъ, съ интересомъ разсматриваетъ карандаши и ручки, которые ему показываютъ, ничего не отымаетъ, ибо теперь рекреація, и только предупреждаетъ—какъ дядя Мазай зайцевъ,—чтобы во время урока эти вещи ему не попадались,—отыметъ.

Дома старикъ испоконъ вѣковъ занимался составленіемъ словаря на четырнадцати языкахъ,—старикъ говорилъ, что онъ всѣ ихъ знаетъ. Мы вѣрили, удивлялись, но словарь никогда не увидѣлъ свѣта. Зато у составителя акуратно каждый годъ рождались дѣти, и все мальчики, о чемъ К. съ гордостью и объявлялъ намъ. Почему-то и это лишь придавало ему больше значительности въ нашихъ глазахъ.

Это былъ ужъ не дореформенный, а какой-то средневѣковой, до-Эразмовскій учитель.

9.

Въ Петропавловской школѣ я пробылъ четыре года и во все время не усумнился въ моемъ руководителѣ, д-рѣ Лешѣ, и только однажды вышелъ изъ послушанія ему, да и то потихоньку, тайно. Ужъ очень это было соблазнительно, и очень искусенъ былъ соблазнитель. Разскажу объ этомъ случаѣ подробнѣй: меня искушаютъ сюжетъ, самъ по себѣ довольно любопытный, и возможность заглянуть въ жизнь школьнаго микрокосма.

Школы въ самомъ дѣлѣ микрокосмы, маленькіе мѣрки маленькихъ человѣчковъ (разумѣется, если школы — школы, а не учебныя команды), мало изслѣдованные со стороны своей внутренней жизни. А между тѣмъ они очень интересны, эти общественные организмы ребятъ. Въ нихъ есть герои и толпа. Есть право, публичное и частное. Есть свой кодексъ нравственности. Есть общественные классы: пансіонеровъ, полупансіонеровъ и приходящихъ. Есть табель о рангахъ,— учебные классы. Есть правящіе и управляемые. Микрокосмъ живетъ, живетъ бойко, разнообразно, шумно и устанавливаетъ свои порядки такъ-же безсознательно, какъ муравьи въ муравейникѣ и пчелы въ ульѣ. Строй школьнаго микроорганизма въ принципѣ республиканскій. Всѣ равны. Но равенство, какъ и въ настоящихъ республикахъ, частенько нарушается. Маленькое общество иногда выдѣляетъ изъ себя энергичныя и честолюбивыя личности, которыя, подобно средневѣковымъ итальянскимъ дукамъ, подестамъ и капитанамъ, овладѣваютъ властью и начинаютъ править деспотически, удерживаясь во главѣ отчасти суровыми репрессіями, отчасти ослѣпляя общество грандіозными и смѣлыми предпріятіями.

Одно время такимъ деспотомъ былъ мой товарищъ по классу, Т. По происхожденію онъ былъ русскимъ. Его внѣшность напоминала Мирабо. То-же мощное тѣлосложеніе, то-же широкое лицо со слѣдами оспы, такой-же громовой голосъ. На политическое поприще Т. выступилъ въ возрастѣ уже зрѣломъ: ему было почти шестнадцать лѣтъ, и на верхней губѣ почти показалась растительность. Онъ уже достаточно позналъ сладкій ядъ страстей. Онъ курилъ. Однажды во время говѣнья онъ влюбился въ незнакомую дѣвушку, которую встрѣчалъ въ церкви. Кто она—ему не удалось узнать, но тѣмъ пламеннѣй была его неудовлетворенная любовь. Помню, какъ онъ, не въ силахъ болѣе таить своей страсти, разсказалъ мнѣ о ней и, снявъ сапогъ, показалъ глубокій надрѣзъ на большомъ пальцѣ, сдѣланный для того, чтобы боль постоянно напоминала ему о предметѣ его страсти. Помню, я тогда смотрѣлъ на него какъ на существо высшее, и съ этой минуты началось его вліяніе на меня.

Вслѣдъ за личными страстями въ Т. скоро пробудились и общественныя: честолюбіе и властолюбіе. Какъ ни обширенъ былъ его умъ, и какъ ни твердъ характеръ, но едва-ли онъ дѣйствовалъ по обдуманному плану. Скорѣе это были просто особые инстинкты честолюбца. Я даже склоненъ думать, что и настоящіе, взрослые честолюбцы, вродѣ Наполеона, дѣйствуютъ по вдохновенію, пользуясь случайностями и обстоятельствами, а «планы» уже потомъ придумываютъ за нихъ историки. Планъ нуждается въ опытѣ и разсчетахъ, а какой-же опытъ можетъ быть у героя, который выкидываетъ штуки небывалыя и не имѣющія примѣра въ исторіи? Пожалуй, теперь и я могу объяснить планы Т., что и сдѣлаю, но настаивать на ихъ существованіи не стану.

Прежде всего Т. озаботился составленіемъ преданной ему партіи, съ цѣлью—приколотить меня: мы тогда за что-то поссорились. Партія состояла мальчугановъ изъ двадцати. Это было серьезно,—быть приколоченнымъ двадцатью мальчуганами. Я тоже набралъ партію,—и возгорѣлось въ микрореспубликѣ междуусобіе. Лишь только Т. замѣтитъ, что я—одинъ или съ малыми силами, онъ подаетъ сигналъ, и на меня мчатся его клевреты. Я птицей лечу отъ нихъ, даю свои сигналы, сбѣгается мое войско, окружаетъ меня, и двѣ рати стоятъ другъ противъ друга, готовыя вступить въ бой. Однако, Т. не далъ ни одного рѣшительнаго сраженія. Онъ объявилъ своимъ приверженцамъ, что предпочитаетъ систему Фабія Кунктатора, медлительность, и Филиппа Македонскаго, подкупъ. Т., несмотря на сходство съ Мирабо, не былъ рыцарской натурой; это былъ интриганъ, которому нравились дурныя хитрости. Былъ пущенъ въ ходъ подкупъ, въ видѣ булокъ, перьевъ и «снимокъ», и часть моей партіи растаяла. Медлительность, ложныя тревоги, постоянное напряженіе утомили остальныхъ, такъ-что и эти покинули меня. Я очутился одинъ, подобно Марію въ понтійскихъ болотахъ. Т. послалъ мнѣ предложеніе сдаться на капитуляцію. Я отвергъ это, ибо зналъ, что послѣдуетъ за капитуляціей. Вмѣстѣ съ тѣмъ я объявилъ, что, такъ-какъ шансы борьбы неравны, то я считаю себя свободнымъ отъ всѣхъ условій правильной драки. Я буду давать подножки, хватать подъ-силки, драться «по-мордамъ»; мало того, буду носить съ собой камни и лапту, т. е. палку для мяча. Т. скомандовалъ аттаку, меня окружили, я прорвалъ кругъ и благополучно достигъ стѣны. Тутъ я занялъ крѣпкую позицію и сталъ мужественно отражать нападеніе. Сначала я всетаки не рѣшался нарушить кодексъ борьбы. Но меня тѣснили все больше, страхъ быть избитымъ двадцатью человѣками возросталъ, и я пустилъ въ дѣло лапту. Нѣсколько враговъ выбыло изъ строя, но остальные ожесточились. Конецъ лапты былъ уже въ рукахъ враговъ... Но тутъ вдругъ раздался сигналъ къ отступленію, ряды враговъ разступились, и ко мнѣ подошолъ Т.

— Ты храбрый человѣкъ,—сказалъ мнѣ Т.— Я только хотѣлъ испытать тебя. Помиримся.

Этимъ Т. окончательно покорилъ меня.

Всѣхъ подвиговъ, совершенныхъ мною, подъ предводительствомъ Т., не перечесть. Мы по два дня ничего не ѣли, чтобы развить въ себѣ силу воли. Мы предпринимали опасныя экспедиціи въ дикія страны. Этими странами были крыши школы и сосѣднихъ домовъ. Путешествіе на сосѣднюю крышу было сопряжено въ самомъ дѣлѣ съ опасностью. Она отдѣлялась отъ нашей промежуткомъ аршина въ три шириной. Нужно было разбѣжаться и перепрыгнуть. Какъ мы при этомъ не свалились внизъ, причемъ, конечно, расшиблись-бы до смерти, я не понимаю. Чтобы время на крышѣ шло веселѣе, мы за обѣдомъ ничего не ѣли, а, что было можно, завертывали въ бумагу и съѣдали уже на крышѣ, откуда любовались Москвой, небомъ и летавшими въ немъ голубями. Это были очень пріятныя и поэтическія минуты. Иногда Т. напускалъ на себя благочестіе, и мы по ночамъ читали Евангеліе и молились. Какъ-то Т. провозгласилъ себя диктаторомъ школы. Онъ учредилъ администрацію, войско, судъ и законодательный совѣтъ. Были чины и патенты на чины. Былъ сводъ законовъ, была тюрьма и, конечно, экспедиція заготовленія государственныхъ бумагъ и деньги, въ формѣ бумажекъ отъ карамели, снабженныхъ подписями диктатора и министра финансовъ. Деньги серьезно ходили, втеченіе дней десяти; на нихъ можно было покупать перья, карандаши, у приходящихъ—ихъ завтраки. Я отлично помню, что первыми продали свои буттерброды два еврейчика, братья Л. Теперь они навѣрно гдѣ-нибудь уважаемыми банкирами (одинъ изъ нихъ еще при мнѣ уѣхалъ въ Ньюйоркъ). Банкирами они были и тогда (и скупщиками завѣдомо краденыхъ книгъ). Они стали покупать наши кредитки на настоящія деньги, по копѣйкѣ за 10,000 рублей. Потомъ они продали ихъ по полторы копѣйки за 10,000 рублей. Рынокъ былъ наводненъ, кредитки упали въ цѣнѣ до нуля, владѣльцы и государство обанкротились, а банкиры братья Л. составили себѣ колоссальное состояніе копѣекъ въ тридцать. Больше всѣхъ во время этого знаменитаго краха пострадалъ диктаторъ, потерявшій многіе милліоны, но такъ какъ кредитки онъ самъ дѣлалъ, а не заработалъ, то и не тужилъ. Непріятность была въ другомъ: именно, разоренная республика взбунтовалась и низложила диктатора. Съ тѣхъ поръ какъ завелись на свѣтѣ деньги, даже величайшія событія совершаются не по прихоти денегъ только въ видѣ рѣдкихъ исключеній.

Вскорѣ послѣ крушенія своей диктатуры Т. совершилъ дѣла, которыя взволновали школу до основанія, не исключая д-ра Леша, не исключая самого церковнаго совѣта, «кирхенрата», вѣдавшаго школу; оберпасторъ и (захватите побольше дыханія, читатель) генералсуперинтендентъ, и тѣ задумались. Въ школѣ, церковной лютеранской Санктпетришауликнабенкирхеншуле, завелись московскіе черти. Какъ ни просвѣщены, какъ ни выше всякихъ суевѣрій нѣмцы, но въ Москвѣ и они немного вѣрятъ въ чертей. Да и нельзя не вѣрить. Въ Москвѣ почти на каждой улицѣ есть домъ, въ которомъ никто не живетъ, потому-что тамъ поселились черти. Московскій нѣмецъ слышитъ объ этомъ съ дѣтства, можно сказать, всасываетъ чертей съ молокомъ московской кормилицы, и потомъ, будучи банкиромъ, богатымъ фабрикантомъ, крупнымъ купцомъ, членомъ кирхенрата, онъ не можетъ вполнѣ отрѣшиться отъ впечатлѣній дѣтства. Московскія нѣмки идутъ дальше и, въ то время какъ нѣмцы вѣрятъ только въ русскую нечистую силу, нѣмки, со свойственнымъ женщинѣ идеализмомъ, вѣрятъ и въ русскихъ угодниковъ. Нерѣдко въ трудную минуту жизни нѣмка даетъ обѣщаніе, конечно, по секрету отъ своего нѣмца, сходить къ Троицѣ-Сергію. И она идетъ, и случается, что послѣ двухъ, трехъ паломничествъ она возвращается домой тайною православной. Я знаю одну нѣмку, Эмилію, которая была миропомазана по недоразумѣнію подъ именемъ рабы Емели. По воскресеньямъ такая Емеля продолжаетъ ходить въ кирку, угрызается своимъ притворствомъ и, глядя на пастора въ черной блузѣ и съ бѣлымъ фартучкомъ подъ бородой, съ тоской вспоминаетъ о величественныхъ ризахъ и блистающихъ митрахъ у Троицы-Сергія.

Итакъ, въ школѣ завелись черти. Это произошло, конечно, зимой, когда ночи длинны, воетъ въ трубахъ вѣтеръ, половина дома стоитъ темною, и человѣкъ склоннѣе вѣритъ въ чудесное. Первымъ услышалъ чертей жеманный женоподобный мальчуганъ, страстный музыкантъ, по прозвищу Старая дѣва, или мамзель Фифи. Часовъ въ восемь вечера онъ игралъ въ актовомъ залѣ на фортепьяно и вдругъ турманомъ слетѣлъ со второго этажа въ первый, гдѣ пансіонеры готовили уроки. Онъ просто прыгнулъ на надзирателя.—«Что такое?»—Въ классныхъ комнатахъ рядомъ съ актовой залой съ страшнымъ грохотомъ пляшутъ скамейки!—Пошли наверхъ, тамъ все тихо. Напились чаю, пошли парами въ спальни. Мамзель Фифи повисъ на рукѣ надзирателя и идетъ зажмуривъ глаза. Лишь только поровнялись съ корридоромъ, который велъ въ классы, какъ раздался грохотъ скамеекъ, которыя точно въ чехарду играли, а изъ корридора вылетѣлъ съ силою бомбы большой комъ мѣла. Мальчуганы, которымъ онъ попалъ подъ ноги, запрыгали такъ, точно мѣлъ ихъ кусалъ, а ужъ закричали — какъ зарѣзанные. Передніе ринулись наверхъ, задніе не хотѣли идти мимо корридора. Позвали сторожей, принесли огня, осмотрѣли классы, — нигдѣ никого, но скамейки въ безпорядкѣ, нѣкоторыя перевернуты.

Ночь провели тревожно. Въ одной изъ спаленъ разразилась паника: кто-то ходилъ по желѣзной крышѣ и стучался въ окно. Оказалось, однако, что это дворники счищали снѣгъ. Пришло утро, ночной надзиратель свелъ насъ внизъ, и тамъ мы застали дежурныхъ надзирателей сильно разстроенными. Оказалось, что до нашего прихода они слышали какіе-то стоны, вопли, хохотъ, которые раздавались по всему пустому нижнему этажу и выходили неизвѣстно откуда. Надзиратели были замѣтно блѣдны и дѣлали догадки, которыя казались намъ натянутыми. Герръ Вейсъ говорилъ, что не залетѣла-ли въ трубу ворона, и не она-ли стонетъ такъ страшно въ предсмертной агоніи. Герръ Нейманъ что-то ученое говорилъ о дѣйствіи земныхъ магнетическихъ токовъ: онъ читалъ въ «Гартенлаубе», что недавно нѣчто подобное магнетизмъ сшутилъ въ Америкѣ. Мы не вѣрили ни воронѣ, ни магнетизму. Втеченіе дня приходящіе насказали намъ пропасть страшныхъ подробностей о московскихъ чертяхъ, каждый о чертяхъ своей улицы, и къ вечеру паника овладѣла уже всѣмъ пансіономъ. При малѣйшемъ внезапномъ шумѣ и стукѣ мальчуганы замирали отъ ужаса. По одиночкѣ никто никуда не рѣшался ходить. Пришлось освѣтить всѣ закоулки. Пришлось разставить по всему дому сторожей и дворниковъ. О спокойномъ приготовленіи уроковъ нечего было и думать. За чаемъ никто не хотѣлъ садиться около камина и темныхъ оконъ. То за однимъ, то за другимъ столомъ вдругъ подымался вопль, и всѣ, съ блѣдными лицами и вытаращенными глазами, сбивались въ кучу: одному показалось, что кто-то подъ столомъ схватилъ его за ногу; другому въ окнѣ померещилась страшная харя, разумѣется, съ рогами. Идти наверхъ мимо темныхъ классовъ отказались и просились ночевать въ столовой. Пришлось послать за директоромъ. Директоръ пришолъ, серьезнѣе обыкновеннаго, велѣлъ читать молитву, а самъ сталъ впереди, лицомъ къ школьникамъ, и пристально вглядывался въ нихъ, особенно внимательно останавливаясь на нѣкоторыхъ. Я видѣлъ это, и сердце во мнѣ замирало. Послѣ молитвы директоръ самъ отвелъ насъ въ спальни и долго тамъ оставался. При немъ было не такъ страшно, но мальчуганы всетаки замѣтили, что и на директора эти происшествія произвели впечатлѣніе. Стало-быть, это не ворона и не магнетизмъ.

На слѣдующій день директоръ былъ въ школѣ безотлучно, даже обѣдалъ съ нами. Все было тихо; черти, въ которыхъ никто уже не сомнѣвался, присмирѣли. Кто-то изъ приходящихъ принесъ номеръ «Развлеченія», въ которомъ весьма юмористически разсказывалось о появленіи въ нашей школѣ чертей. По тогдашнимъ обычаямъ, статья вмѣстѣ съ тѣмъ была и обличительной; писали, что нѣмцы такъ бьютъ своихъ школьниковъ, что тѣ ходятъ всѣ въ синякахъ, что школа моритъ своихъ пансіонеровъ голодомъ — на самомъ дѣлѣ насъ кормили гораздо лучше, чѣмъ впослѣдствіи я ѣлъ въ казенномъ пансіонѣ,—что въ школѣ ничему не учатъ и, о ужасъ, ученикамъ говорятъ: ты. За это-то, по мнѣнію юмористическаго журнала, черти и караютъ нѣмцевъ. Журналъ пошелъ по рукамъ, надзиратель его отнялъ и подалъ директору. Было это при всѣхъ, вечеромъ, во время приготовленія уроковъ. Директоръ велѣлъ статью себѣ перевести. Выслушавъ до конца, онъ пожалъ плечами, сказалъ, что это ерунда, Strund, и бросилъ газету въ уголъ. Это произвело сильное впечатлѣніе, и мы начали склоняться къ мысли, что едва-ли чертямъ сладить съ директоромъ. Но какъ разъ послѣ этого раздался грохотъ пляшущихъ скамеекъ, доносившійся сверху, снова съ воплемъ влетѣлъ мамзель Фифи, и тотчасъ-же пламя газовыхъ рожковъ стало уменьшаться, рожки потухли, и только одинъ еле мерцалъ крохотнымъ синимъ огонькомъ. Можно себѣ представить, что тутъ произошло. Визгъ, плачъ, крики. Надзиратели растерялись. И только одинъ нашъ капитанъ, директоръ, гремѣлъ своимъ басомъ, усовѣщевая, успокоивая и грозя. Чрезъ нѣсколько секундъ уцѣлѣвшій синій огонекъ сталъ увеличиваться и мало-по-малу разгорѣлся. Директоръ самъ зажегъ остальные рожки. «Это неисправность газоваго общества», громко сказалъ онъ, но былъ видимо взволнованъ. Паника, охватившая двѣ сотни мальчугановъ, не могла не отразиться и на его нервахъ. Я видѣлъ это, и меня мучила совѣсть.

Продѣлки чертей и вызванная ими паника

продолжались нѣсколько дней. Плясали скамейки, по всему дому раздавались стоны, наводившіе ужасъ не только на учениковъ, но и на надзирателей, самъ собою потухалъ газъ. Извѣстіе объ этихъ происшествіяхъ изъ «Развлеченія» перешло въ другія газеты, оберпасторъ и кирхенратъ встревожились и цѣлой комиссіей нѣсколько разъ подробно осматривали школу. Школа разбранилась съ газовымъ обществомъ, подозрѣвая, что то привозитъ ей въ своихъ дилижансахъ—тогда газъ шолъ не по трубамъ, а развозился по домамъ въ огромныхъ колымагахъ—не газъ, а просто воздухъ. Общество обижалось, предлагало нюхать свой газъ, чтобы убѣдиться, какой онъ великолѣпный, разбирало газовый резервуаръ, помѣщавшійся подъ лѣстницей въ карцерѣ, осмотрѣло и перечистило всѣ газовыя трубы въ зданіи. Ничто не помогало. Конечно, это были черти!

Главнымъ чортомъ былъ Т. Въ числѣ подручныхъ чертей находился и я. Скамейки плясали подъ нашими руками: достаточно нашумѣвъ, мы прятались на самую верхнюю полку огромныхъ классныхъ шкаповъ, затворялись и закрывались географическими картами. Стонали, хохотали и вопили тоже мы, пользуясь для этого трубами воздушнаго отопленія, расходившимися по всему дому. Газъ потухалъ отъ того, что мы забирались въ сосѣднюю темную комнату, брали въ ротъ газовый рожокъ и изо всѣхъ силъ начинали въ него дуть. Воздухъ по трубкѣ проходилъ въ комнату, гдѣ рожки горѣли, и, конечно, тушилъ ихъ.

Я пустился въ эти приключенія съ увлеченіемъ, потому-что, согласитесь сами, это было занимательно. Но когда я замѣтилъ, что мы начинаемъ дурачить д-ра Леша, я объявилъ, что выхожу изъ чертей. Т. далъ мнѣ искусное объясненіе нашихъ продѣлокъ. Къ этому времени онъ объявилъ себя атеистомъ.—«Вотъ-видишь-ли, мой другъ,—сказалъ онъ мнѣ,—теперь ты самъ можешь убѣдиться, какъ рождаются человѣческія суевѣрія: всѣ увѣрены, что въ школѣ завелись черти».—Я былъ пораженъ: каждый шагъ этого Т. обдуманъ и имѣетъ глубокій смыслъ; а я-то думалъ, что мы просто шалимъ! По счастью, я не долго дружилъ съ Т. Директоръ, скоро примѣтившій эту дружбу, посовѣтовалъ мнѣ не водиться съ малымъ. И за это тоже спасибо директору: Т. кончилъ въ школѣ дурно.

10.

Таковы были школа, гдѣ я началъ свое ученье, и ея руководитель. О той и, въ особенности, о другомъ я сохранилъ самыя благодарныя воспоминанія. Когда я бываю въ Москвѣ, я непремѣнно захожу взглянуть на школу, и при видѣ ея во мнѣ пробуждаются хорошія чувства.

Жалѣть-ли о томъ, что я оставилъ школу? И да, и нѣтъ. Школа была слишкомъ хороша для русской жизни; а самъ-же д-ръ Лешъ говорилъ, что нужно познавать и зло, чтобы умѣть ему противиться. Въ ту пору учебныя заведенія стали предметомъ особой заботливости такъ называемыхъ пропагандистовъ. Нѣмцы на людей, рѣшавшихся мѣшать въ политику дѣтей, смотрѣли съ суевѣрнымъ ужасомъ и вполнѣ законнымъ отвращеніемъ и тщательно оберегали свою школу отъ ихъ посягательствъ. Но вѣдь впереди былъ университетъ, съ его «политикой», и я попалъ-бы туда, не зная зла и не подготовленный ко встрѣчѣ съ нимъ. Между тѣмъ въ гимназіи я ко времени окончанія курса былъ, такъ сказать, уже съ привитою политической оспой. А совсѣмъ уберечься отъ «политики» въ школахъ было нельзя. Это было повѣтріе, корь или скарлатина дѣтскаго возраста пореформенной Россіи. Рано или поздно все равно пришлось-бы перенести эту болѣзнь; и лучше, когда это случалось рано, потому-что въ такомъ случаѣ форма болѣзни была легче, способы лѣченія были не столь героичны, а иногда болѣзнь проходила сама собой, безъ лѣченія.

Затѣмъ, школа не была національной школой. А внѣ національности нѣтъ ничего прочнаго и полезнаго, въ маломъ точно такъ-же, какъ и въ великомъ. Такъ оно и въ искусствѣ, въ наукѣ, въ философіи, въ политикѣ; такъ и въ существованіи зауряднаго человѣка. Въ русскомъ человѣкѣ и до сихъ поръ много національнаго утеряно, или не пріобрѣтено, или замѣнено подражаніемъ. Чужая школа только усиливаетъ эти недостатки, дѣлаетъ человѣка менѣе приспособленнымъ къ жизни, дѣлаетъ его менѣе сильнымъ для управленія этою жизнью. Идеалъ — въ полной гармоніи отдѣльнаго человѣка съ его страной. Чѣмъ гармонія полнѣе, тѣмъ плодотворнѣй и энергичнѣй работа націи и государства. Чѣмъ дальше отъ идеала, тѣмъ большія вялость, неувѣренность и безрезультатность царятъ въ частной и общественной жизни. Мы, русскіе, кое-какъ ужъ выбрались на національную дорогу. Чтобы составить себѣ наглядное понятіе о томъ, чѣмъ были мы еще недавно, нужно взглянуть на молодые народы, на сербовъ, болгаръ, румыновъ, — или перелистать исторію Польши.

Какъ-же быть, когда національной школы нѣтъ? Въ такомъ случаѣ приходится прибѣгнуть къ единственному остающемуся средству: предоставить воспитаніе дѣтей жизни. Это для ребенка и юноши трудная школа, опасная, несовершенная, но единственная, въ томъ случаѣ, если нѣтъ національной, такъ-сказать, школьной школы.

Такъ я думаю теперь; тогда, оставляя школу, я былъ очень огорченъ: рушилась моя завѣтная мечта, — въ день окончанія школы выпить съ д-ромъ Лешемъ брудершафтъ. Таковъ былъ обычай: послѣ послѣдняго экзамена новорожденные студенты собирались къ директору, приносился рейнвейнъ, и ученики съ наставникомъ пили на ты. Эта минута мнѣ даже снилась нерѣдко. Ей не было суждено осуществиться.

Русская школа

II.
Русская школа.

> Какое наслѣдіе оставила намъ школа пореформеннаго періода? Гдѣ громкія имена и великіе характеры, выработанные ею? Кого выдвинула она намъ на мѣсто славныхъ дѣятелей стараго закала?.. Картина общественныхъ явленій, участниками которыхъ являются люди новѣйшей формаціи, не болѣе утѣшительна: кафешантаны съ опереткой, зрѣлища сенсаціонныхъ процессовъ, нигилизмъ и неврастенія,—вотъ главныя пріобрѣтенія пореформенной общественной жизни, характерные ея недуги, которыми въ большей или меньшей степени, заражены люди, взрощенные на новыхъ педагогическихъ началахъ.
>
> Изъ статей «Моск. Вѣд.».

I.

Покинувъ нѣмецкую школу, я вступилъ въ школу русскую. Первое, что она мнѣ дала, это было знакомство съ тѣмъ, что такое протекція. Дальше пошли другія интересныя вещи, какъ-то: начальство, титулъ «ваше превосходительство» (этотъ громкій титулъ даже пугалъ меня на первыхъ порахъ), форменная одежда, экзаменъ, обращеніе ко мнѣ начальства, нетолько простого, но даже превосходительнаго, на «вы», и несмотря на то враждебное отношеніе къ этому начальству и ко всѣмъ его дѣйствіямъ со стороны учениковъ, съ которыми разговаривали такъ вѣжливо. Все это было для меня ново, дико и «нехорошо».

Осенью меня не приняли въ четвертый классъ, а посовѣтовали сначала подготовиться и держать экзаменъ въ январѣ. Съ осени до января я ничему не научился, экзаменъ сдалъ плохо, но меня всетаки приняли. Я былъ этимъ удивленъ, но потомъ мнѣ объяснили, что я принятъ «по протекціи», такъ какъ меня готовилъ студентъ, которому протежировалъ его превосходительство, т.-е. директоръ. Когда я это узналъ, я почувствовалъ, что и это «нехорошо». Когда студентъ, не безъ ироніи въ тонѣ и въ словахъ, подтвердилъ, что его учениковъ не проваливаютъ, потому-что его превосходительство (титулъ былъ произнесенъ съ явной ироніей) просто-на-просто принимать ихъ велитъ, эта иронія произвела на меня тоже дурное впечатлѣніе. При этомъ экзаменѣ присутствовалъ инспекторъ, человѣкъ крутой и безцеремонный, съ большими и круглыми злыми глазами. Особенно плохъ я оказался по славянскому языку. Мнѣ велѣли написать юсы, большой и малый. Малый кое-какъ удался, но вмѣсто большого я съ трудомъ начерталъ какую-то каракулю.

— Это что за штука? спросилъ меня инспекторъ, съ злыми глазами, одѣтый въ невиданной мною до того нарядъ, называвшійся вицмундиромъ.

— Это юсъ большой.

— Нѣтъ, батюшка, это ухватъ, а не юсъ большой.

Инспекторъ вздохнулъ, учитель вздохнулъ, оба переглянулись, но всетаки поставили мнѣ тройку.

— И лѣнтяй-же ты, батюшка, будешь,—не

удержавшись, сказалъ инспекторъ и такъ на меня взглянулъ своими злющими глазами, что какъ будто стегнулъ меня ими.

— Я буду стараться,—сказалъ я, оробѣвъ, но—помню это отлично—мнѣ были пріятны суровыя слова инспектора: это была всетаки правда, а не «протекція».

Когда экзаменъ былъ конченъ, меня, вмѣстѣ съ отмѣтками, отправили къ директору.

— О, да вы язычникъ! съострилъ директоръ.— Прекрасно, прекрасно. Поздравляю васъ: вы— нашъ!

Изъ французскаго и нѣмецкаго языковъ у меня было по пятеркѣ; потому-то я и былъ названъ «язычникомъ».

При этой остротѣ всѣ окружающіе—учителя, надзиратели, какіе-то канцелярскіе чины — съ увлеченіемъ разсмѣялись. Инспекторъ снова стегнулъ злыми глазами, и меня, и его превосходительство. Я чувствовалъ, что не хорошо все это: похвала директора, который, вѣдь, знаетъ, что меня принимаютъ по протекціи, угодливый смѣхъ окружающихъ; не хорошъ и я, поступающій по протекціи. Правъ былъ одинъ злющій инспекторъ, но нехорошо, что онъ — злющій, и нехорошо, что онъ злится и на меня. Я-то тутъ причемъ? Да и кромѣ того, почему инспекторъ молчитъ и не скажетъ директору: «Вы ошибаетесь, господинъ директоръ, это—лѣнтяй, и его совсѣмъ не стоитъ поздравлять съ поступленіемъ въ нашу гимназію?» Вокругъ меня были не педагоги, а самые заурядные русскіе чиновники, служившіе по учебному вѣдомству, съ ихъ чинопочитаніемъ, протекціями, титулами, подавленной ироніей и сатирой, ожидающей своей очереди стать деспотизмомъ. Инспекторъ, съ сердитыми глазами, былъ такимъ сатирикомъ. Когда онъ сдѣлался у насъ-же директоромъ, онъ показалъ себя очень удовлетворительнымъ деспотомъ.

Какъ-бы тамъ ни было, я былъ принятъ и былъ этому радъ. Когда мы осматривали осенью съ моимъ отцомъ гимназію, я былъ пораженъ ея великолѣпіемъ. Громадное зданіе, въ которое влѣзло-бы десять Петершулокъ. На фасадѣ — орелъ. Передъ фасадомъ тѣнистый садикъ, отдѣленный отъ улицы чугунной рѣшоткой художественной работы. Громадныя сѣни, не въ два, а въ четыре свѣта. Лѣстница — чугунная, великолѣпная, до блеска натертая графитомъ, съ бархатной дорожкой на ступеняхъ. Съ великолѣпной лѣстницы, во второмъ этажѣ, не менѣе великолѣпный актовый залъ. Въ залѣ «золотыя доски», на которыхъ записаны окончившіе курсъ съ золотою медалью. Рядомъ съ заломъ изящная домовая церковь. Передъ церковью — пріемная, съ мягкой мебелью, вся уставленная вдоль стѣнъ книжными шкафами. Я былъ въ восхищеніи. Въ залѣ великолѣпно играть въ мячъ и въ чехарду. Книгъ для чтенія неисчерпаемое количество. Въ саду много тѣни и цвѣтовъ. На гимназіи орелъ. Меня нарядятъ въ форму. Я — казенный человѣкъ, почти чиновникъ, чуть не офицеръ, не то что какой-нибудь мальчуганъ петершулистъ, въ фланелевой рубашкѣ.

Когда меня приняли, и я въ качествѣ пансіонера вступилъ въ стѣны гимназіи, меня постигло разочарованіе. Залъ открывался только разъ въ годъ во время акта. Въ садъ не пускали никогда. Пріемная открывалась только для посѣтителей. По великолѣпной лѣстницѣ ходили только генералъ-губернаторъ, попечитель, да архіерей. Форменная одежда, о которой я мечталъ, оказалась лохмотьями, притомъ археологическаго характера. Приходящіе давно уже нарядились въ голубые мундирчики, съ серебряными галунами, а пансіонеры все еще донашивали черные сюртуки съ синими петлицами. Пальто были и того древнѣе, — николаевскія, съ красными петлицами и золотыми орлеными пуговками. Скроена эта одежда была удивительно. Послѣдній петершулистъ, какой-нибудь сапожничій сынъ, одѣвался не такъ мѣшковато и безобразно, какъ были одѣты мы. Сапоги имѣли видъ лаптей, а калоши были лаптями для лаптей. Когда насъ, такъ наряженныхъ, водили по улицамъ, на насъ смотрѣли съ изумленіемъ и принимали, — кто за пѣвчихъ, кто — за малолѣтнихъ преступниковъ. Правда, можно было получить обувь и одежду пофрантоватѣй, давъ гардеробщику взятку, но, по счастью, о взяткахъ знали немногіе изъ насъ; тѣ, кто зналъ, были дурные малые, а тотъ, кто узнавалъ, становился хуже. Я первую взятку далъ кондуктору на желѣзной дорогѣ, чтобы онъ устроилъ мнѣ удобный ночлегъ. Ночлегъ я получилъ, но заснулъ нескоро, подъ тяжелымъ впечатлѣніемъ совершеннаго мною и кондукторомъ. Первая взятка — хорошая тема для разсказа въ манерѣ г. Чехова. А то, все пишутъ про первую любовь, какъ будто въ жизни взятки меньше, чѣмъ любви.

Въ Петершуле всѣ самыя просторныя и свѣтлыя помѣщенія принадлежали школьникамъ. Въ гимназіи двѣсти мальчугановъ и молодыхъ людей были заперты въ двухъ сравнительно небольшихъ комнатахъ, на три четверти заставленныхъ скамьями. Тутъ готовили уроки, тутъже проводили свободное отъ занятій время. Ни воздуха, ни простора. Шумъ и бѣготня были строго запрещены. Въ моихъ письмахъ того времени, сообщая родителямъ распредѣленіе времени, я писалъ, что въ такіе-то и такіе часы мы готовимъ уроки, пьемъ чай, обѣдаемъ, а въ такіе-то «расхаживаемъ». И дѣйствительно, все, что намъ дозволялось, это—ходить взадъ и впередъ по душной комнатѣ или по узкому корридору. На дворъ насъ выпускали только въ теплое время, т. е. втеченіе двухъ, двухъ съ половиною мѣсяцевъ изъ десяти — по той причинѣ, что не имѣлось теплой одежды и не было особыхъ «суммъ» для расчистки снѣга на дворѣ. По случаю крайней уродливости нашего наряда, гулять по улицамъ насъ водили рѣдко. Въ результатѣ получались зеленые, вялые мальчуганы, неказистый видъ которыхъ приходящіе приписывали порокамъ, въ дѣйствительности въ пансіонѣ не существовавшимъ. Разумѣется, мы мучительно скучали.

2.

Въ пансіонѣ мы могли хоть «расхаживать». Во время уроковъ мы должны были только скучать. Скука поддерживалась всею властью, которою были вооружены надзиратели, учителя и инспекторъ. Я не упоминаю о директорѣ, потому-что мы его видѣли очень рѣдко. Онъ пребывалъ гдѣ-то въ отдаленіи, въ пышной казенной квартирѣ, и къ намъ не столько заходилъ, сколько ниспускался, подобно небожителю. Что онъ дѣлалъ на своемъ Олимпѣ? О, онъ былъ по-горло занятъ. Онъ подписывалъ, изучалъ бумаги, поступающія отъ начальства, и составлялъ на нихъ артистическіе отвѣты. Затѣмъ—просители, затѣмъ гости, затѣмъ визиты, затѣмъ карты. Нельзя-же! Вѣдь, онъ не кто-либо, а дѣйствительный статскій совѣтникъ, а жена его генеральша. Однажды генеральша везла на извощикѣ пятерыхъ своихъ генералятъ. Два пузыря-первоклассника спросили извощика: почемъ везешь съ пуда? Пузырей немедленно исключили за оскорбленіе «начальницы гимназіи». Совершались-же этакія варварства! Директоръ трудился неустанно, результаты его трудовъ были блестящи, впослѣдствіи онъ далеко пошолъ по службѣ,—но мы видѣли его очень рѣдко.

Въ Петершуле былъ надзиратель, герръ Шварцъ. Всякій разъ, когда онъ ждалъ, что придетъ директоръ, онъ впадалъ въ нервную тревогу. Онъ блѣднѣлъ, глаза его дѣлались круглыми, онъ начиналъ безъ нужды кричать на насъ свирѣпымъ полушопотомъ, вынималъ изъ жилетнаго кармана зеркальце и поправлялъ предъ нимъ прическу парика и чистилъ вставные зубы. Наконецъ, онъ смахивалъ носовымъ платкомъ пыль съ сапоговъ и застывалъ на мѣстѣ, поѣдая глазами дверь, въ которую долженъ былъ войти д-ръ Лешъ. За этотъ непонятный для насъ страхъ предъ директоромъ мы совершенно серьезно считали Шварца немного помѣшаннымъ. Я такъ и писалъ матери: «а то у насъ есть еще одинъ надзиратель, немного сумасшедшій; онъ ужасно боится директора». Потомъ оказалось, что герръ Шварцъ совсѣмъ не сумасшедшій, а прослужилъ тридцать лѣтъ въ той гимназіи, куда я поступилъ изъ школы.

Во время рѣдкихъ появленій его превосходительства всѣ дѣлались немного помѣшанными. Сначала на носкахъ вбѣгалъ сторожъ и съ круглыми глазами, шепталъ на ухо надзирателю, что сейчасъ «будутъ генералъ». Надзиратель, у котораго глаза мгновенно дѣлались тоже круглыми, начиналъ на всѣ пуговицы стягивать свой толстый животъ вицмундиромъ. Застегнувшись, онъ обѣгалъ всѣ скамьи и заглядывалъ, всѣ-ли занимаются тѣмъ, чѣмъ заниматься положено. Въ отдаленіи хлопала дверь инспекторской квартиры, и по длинному корридору, на пути его превосходительства, начиналъ нервно шагать инспекторъ. Тишина воцарялась мертвая. Наконецъ, его превосходительство появлялся. Онъ идетъ, позванивая пуговками на хвостѣ вицмундира, а рядомъ съ нимъ и за нимъ, въ позахъ амуровъ, на старинныхъ виньеткахъ рококо, несутся надзиратели, инспекторъ, экономъ, сторожа. А мы всѣ замерли, съ круглыми глазами, въ приступѣ шварцевскаго помѣшательства.

Вошолъ. Мы съ грохотомъ встаемъ и вытягиваемся въ струнку.

— Здравствуйте, дѣти!

— Здравія желаемъ, ваше превосходительство!

— Печка, кажется, дымитъ? обращается генералъ къ надзирателю.

— Никакъ нѣтъ, ваше превосходительство.

— Чѣмъ вы занимаетесь, господинъ, кажется, Ивановъ?

Кажущійся Ивановымъ—на самомъ дѣлѣ какой-нибудь Крестовоздвиженскій, но онъ остерегается обнаружить ошибку генерала и отвѣчаетъ:

— Алгеброй, ваше превосходительство.

— Прекрасно, господинъ Ивановъ. Ученье свѣтъ, а неученье тьма... Господа!..

— Шт! шт! свирѣпо шикаетъ надзиратель, хотя и безъ того тишина мертвая.

— Господа! Э-э... математика, господа, конечно, э-е... прекрасная наука, но, господа, налегайте на древніе языки. М-де-э... Ничто такъ не благотворно для юныхъ умовъ и сердецъ, какъ древніе языки. Вы поняли меня, господа?

Молчаніе.

— Что-же вы не отвѣчаете? Это невѣжливо.

— Поняли, ваше превосходительство.

— Прекрасно. Я радъ, что вы раздѣляете мое мнѣніе... Вы, кажется, господинъ Дѣдловъ?

— Да, господинъ директоръ.

Его превосходительство непріятно удивленъ слишкомъ простымъ титуломъ, который я ему даю по нѣмецкому школьному обычаю.

— Какъ здоровье вашего батюшки?

— Благодарю васъ, господинъ директоръ, хорошо.

Генералъ изумленъ еще больше. Надзиратель, сзади меня, шипитъ: «Говорите: ваше превосходительство! ваше превосходительство!» Я даю себѣ слово не забыть этого длиннаго превосходительства».

— Кланяйтесь ему отъ меня.

— Хорошо... — И мимо воли у меня срывается опять:—господинъ директоръ.

Генералъ уже съ видимымъ неудовольствіемъ отворачивается, дѣлаетъ нѣсколько шаговъ, смотритъ на потолокъ, произноситъ, обращаясь къ эконому: «Побѣлить! Побѣлить!», снова поворачивается ко мнѣ и съ раздраженіемъ говоритъ:

— Вы безтактны, господинъ Дѣдловъ.

— Что, получили! шипитъ надзиратель, когда генералъ уходитъ, и свирѣпо грозитъ пальцемъ. Товарищи смотрятъ на меня съ ироніей. Я еще не успѣлъ заразиться шварцевскимъ помѣшательствомъ. Потомъ, конечно, заразился, притомъ настолько основательно, что и до сихъ поръ не могу отъ него совсѣмъ освободиться, и утѣшаю себя примѣромъ кого-то изъ энциклопедистовъ, кажется Дидро, который въ присутствіи Людовика XV превращался отъ смущенія въ соляной столпъ и объяснялъ это навязчивой мыслью, что, вотъ, этотъ человѣкъ, если захочетъ, можетъ велѣть его повѣсить, не спустя съ мѣста. Это не мѣшало энциклопедисту подготовлять революцію. Мы, гимназисты, довольно скверно робѣвшіе начальства, еще сквернѣе его не любили и тоже не прочь были отъ революцій. Двѣ такія бунтовскія вспышки я припоминаю и сейчасъ. Одна была направлена противъ самого «генерала». Его превосходительство былъ некраснорѣчивъ и скрывалъ этотъ недостатокъ разными пріятными звуками, вродѣ: э-э, м-де-э и т. под. Однажды послѣ рѣчи генерала, рѣчи весьма важной, направленной противъ нигилистовъ, игравшихъ въ то время видную роль, выслушанной нами въ почтительномъ трепетѣ, когда высокій ораторъ, удаляясь, былъ уже на порогѣ сосѣдней комнаты, вдругъ среди гробовой тишины откуда-то изъ средины пансіонеровъ, уже склонившихся надъ учениками, громко и удивительно похоже раздалось:

— Э-э!.. М-де-э!..

Надзиратель потомъ сознавался, что въ то мгновеніе ему показалось, будто провалился полъ, посыпались внизъ парты, пансіонеры, лампы, печи, самъ онъ, его жалованье, его формуляръ, его пенсія... Что оставалось дѣлать его превосходительству? Оставалось показать видъ, что онъ ничего не замѣтилъ. Такъ онъ и поступилъ, съ удивительнымъ самообладаніемъ произнесши, указывая на потолокъ: «Побѣлить! Побѣлить!»

Другой бунтъ былъ еще хуже. Злющаго инспектора перевели въ провинцію директоромъ. Въ день отъѣзда ему давали прощальный обѣдъ. Собрались учителя и надзиратели, говорили тосты, сердечно прощались, глубоко сожалѣли, искренно желали. Ходили къ инспектору и представители пансіонеровъ и тоже прощались, сожалѣли, желали... Когда смерклось, инспекторъ вышелъ садиться въ экипажъ. Пансіонеры бросились къ окошкамъ, растворили всѣ форточки, и все время, пока экипажъ не съѣхалъ со двора гимназіи, изъ оконъ неслись самыя площадныя ругательства и самыя жестокія пожеланія отъѣзжавшему начальнику. Надзиратели, тоже нелюбившіе крутого инспектора, не только не останавливали, но еще ухмылялись. И поплатились-же за это бунтовщики! Не прошло и полугода, какъ инспекторъ вернулся къ намъ директоромъ. Можете себѣ представить, какія установились отношенія между нимъ, учащимися и учащими. Страхъ, ложь, фальшь. Но, подите-же, разберитесь въ противорѣчіяхъ русской жизни,—этотъ директоръ былъ и уменъ и въ сущности хорошая натура. Объ этомъ я узналъ впослѣдствіи отъ товарища, къ которому, когда онъ, окончивъ гимназію, поступилъ въ университетъ, его бывшій директоръ вдругъ сталъ частенько захаживать и бесѣдовать по душѣ. Тутъ онъ раскрывался и обнаружилъ свою истинную суть. Это былъ поповичъ, семинаристъ. Онъ знавалъ нужду, зналъ суровую русскую дѣйствительность и самъ былъ суровъ. Въ университетѣ онъ учился прекрасно, былъ отличный лингвистъ и увлекался философіей. Онъ былъ уменъ и отлично понималъ, что и его педагогическая дѣятельность, и весь складъ русской школы—вздоръ, не то. А необходимость заставляла тянуть лямку. Науки онъ бросилъ давно. Конечно, онъ пилъ, и тосковалъ, и отводить душу ходилъ къ своему воспитаннику, котораго онъ еще на-дняхъ гнулъ, какъ и всѣхъ, въ бараній рогъ, но въ которомъ отличилъ чистаго, умнаго и талантливаго человѣка. Умеръ злой директоръ рано, и, конечно, отъ водки. Интересный типъ, знакомый русскій типъ, но—не педагогъ.

3.

Такимъ-же противорѣчіемъ, какъ злой директоръ, только менѣе яркимъ, представляются мнѣ теперь и наши учителя. Сколько я ихъ ни припоминаю, ни одного я не могу назвать дурнымъ человѣкомъ. Не было среди нихъ ни деспотовъ, ни развращающихъ «протестантовъ», ни подхалимовъ предъ начальствомъ. Напротивъ, все это были, за ничтожными исключеніями, учителя новой формаціи, молодые люди хорошаго тона и въ щеголеватыхъ вицмундирахъ. Внѣ стѣнъ гимназіи многіе были людьми душевными, отзывчивыми, разговорчивыми. Даже въ гимназической курилкѣ они держали себя какъ живые люди,—громко бесѣдовали, оживленно жестикулировали, спорили, разсказывали анекдоты, смѣялись; но, какъ только учитель попадалъ въ классъ, онъ превращался въ куклу, въ машину, въ аппаратъ, изготовляющій скуку. Это были не люди, а какой-то «мертвый инвентарь», наряду съ партами, досками, картами и каѳедрой. Доска; пишутъ на ней мѣломъ; а инструментъ для писанія мѣломъ на доскѣ, это—учитель; а учителя изготовляются для каждаго предмета особые: кто для ариѳметики, кто для латини, кто для русскаго.

Идеаломъ «мертваго» педагога былъ учитель греческаго языка, родомъ болгаринъ. Пластически это была великолѣпная голова. Матовое лицо, черные какъ смоль волосы, волнистые на головѣ и въ мелкихъ завиткахъ въ бородѣ, а лицо— смѣсь древняго эллина и татарина. Это была музейная голова классическаго варвара. Къ сожалѣнію, вмѣсто музея она попала на учительскую каѳедру, причемъ ничего не утеряла изъ своей статуйной мертвенности. Бѣдняга былъ чахоточный, у него всегда болѣла грудь, и онъ боялся пошевельнуться, боялся громко сказать слово. Все время урока онъ не измѣнялъ своей слегка сгорбленной позы, поворачивалъ не голову, а только печальные черные эллинско-татарскіе глаза; говорилъ онъ однѣми губами. Я учился у него два года. Сначала я не могъ оторвать глазъ отъ его великолѣпной головы, но скоро его уроки стали доводить меня до бѣшеной скуки, отъ которой даже ноги тосковали. Надо какъ-нибудь поддерживать нормальное душевное состояніе, и я читалъ «постороннія» книги, проектировалъ новыя желѣзныя дороги, которыя чертилъ на картѣ «Крестнаго календаря», лѣпилъ изъ чернаго хлѣба котовъ и свиней, наконецъ… бился головой объ стѣну. Уроки грека часто совпадали съ уроками въ сосѣднемъ классѣ учителя, который имѣлъ привычку стремительно шагать взадъ и впередъ по комнатѣ. И вотъ, въ тактъ съ его шагами, я незамѣтно начиналъ колотить затылкомъ въ стѣну.

— Что это стучитъ? медленно, мертвымъ голосомъ спрашиваютъ мертвыя губы «грека».

— Это Иванъ Ивановичъ ходитъ въ сосѣднемъ классѣ.

— Какъ онъ твердо ступаетъ!

У грека я не выучился ничему. Въ пятый и шестой классы я перешолъ больше по протекціи; въ шестомъ читали Гомера, а я забылъ и то, чему меня выучилъ въ Петершуле крикунъ д-ръ Хенлейнъ.

Почти такимъ-же мертвецомъ былъ и учитель русскаго языка, съ тою разницей, что «грекъ» былъ блѣденъ какъ воскъ, а «русскій» отличался розами и лиліями, которымъ завидовали даже московскія барышни. Пока мы учили стихи и басни, да писали сочиненія, дѣло у меня еще ладилось, но какъ только начались муки изученія Буслаевской грамматики и Стоюнинской теоріи словесности, учитель меня уморилъ. Мои Буслаевъ и Стоюнинъ дальше первыхъ страницъ остались даже неразрѣзанными. Помню, какое трогательное усиліе сдѣлалъ учитель, чтобы заставить меня быть прилежнымъ. Однажды, когда я по обыкновенію не зналъ урока, учитель, краснѣя и запинаясь, меня спросилъ:

— Скажите, отчего въ четвертомъ классѣ вы учились весьма удовлетворительно, а теперь, если не ошибаюсь, совсѣмъ оставили занятія?

— Потому-что скучно это ужасно, отвѣтилъ я съ полной откровенностью.

Учитель опустилъ глаза, покраснѣлъ еще больше, опять взглянулъ на меня, опять стыдливо опустилъ глаза.

— Садитесь, сказалъ онъ.—Господинъ Алексѣевъ, потрудитесь отвѣчать.

Я сѣлъ. Мой другъ, милый, умненькій, покорно старательный мальчикъ, Коля Алексѣевъ, началъ отчеканивать какое-то: быхъ-бы-бысть-бысте-быша... И у русскаго я ничему не выучился.

Это были мертвецы сидячіе, но были и стоячіе. Стояли тѣ, которые были постарше, по случаю геморроя. Такимъ былъ, напримѣръ, латинистъ, учитель отчасти старой школы. Онъ брился, былъ холостъ, попивалъ, но тихо и секретно, и имѣлъ манію подбирать на улицахъ искалѣченныхъ или просто заблудившихся собакъ. У него на квартирѣ была настоящая собачья богадѣльня. Въ классѣ этотъ чудакъ присутствовалъ только тѣломъ, а духъ его пребывалъ въ его собачьей богадѣльнѣ, гдѣ кстати стоялъ и завѣтный шкафчикъ съ графинчикомъ. Слышалъ-ли онъ, что отвѣчаютъ ученики? Вѣроятно, слышалъ, потому-что довольно удачно ихъ поправлялъ и довольно правильно ставилъ отмѣтки. Иногда онъ выходилъ изъ своего мечтательнаго настроенія, проявлялъ нѣкоторую распорядительность и тогда дѣлалъ глупости. Одна изъ такихъ глупостей заставила меня покинуть гимназію. Но объ этомъ дальше.

Познакомился я въ гимназіи и еще съ типомъ учителя, столь-же далекаго отъ идеала, который я вынесъ изъ моей нѣмецкой школы. Это—рубаха—парень, веселый, безцеремонный, послѣ выпивки, наканунѣ, зѣвающій во весь ротъ, ставящій отмѣтки зря, говорящій всѣмъ ученикамъ «ты», въ младшихъ классахъ забавляющійся тѣмъ, что щиплетъ мальчугановъ за уши или дергаетъ ихъ за волосокъ-«пискунчикъ», причемъ спрашиваетъ: «А ну-ко, скажи, гдѣ живетъ докторъ Ай?» Изъ себя такой учитель веселый, румяный, съ блестящими глазами. Насчетъ своего предмета онъ довольно безпечатенъ, а учительствуетъ только впредь до женитьбы на богатой купчихѣ или до полученія мѣста въ какомъ-нибудь выгодномъ промышленномъ предпріятіи.

его и безъ того острый носъ дѣлается еще острѣе, и начинаетъ преслѣдовать за то, что С. «дурно смотритъ». Приходится улыбаться, — а чего это стоитъ раздражительному шестнадцатилѣтнему старичку! Старичекъ честолюбивъ: вѣдь, вся школа построена на чинопочитаніи. Поступаетъ ученикомъ въ классъ С—а московскій барчукъ, съ протекціей. Положимъ, барчукъ хорошо подготовленъ, положимъ, онъ милый малый, но кромѣ того начальство начинаетъ явно тянуть его на первое мѣсто, а С—а такъ-же явно стягиваетъ на второе. Одно время С. серьезно носился съ планомъ жаловаться на это «на Высочайшее имя». Какъ-то я встрѣтился съ моимъ тогдашнимъ другомъ. Онъ попрежнему добръ, попрежнему раздражителенъ, но ужъ совсѣмъ мрачно настроенъ: читаетъ Шопенгауэра и серьезно, хотя и съ раздраженіемъ, говоритъ, что человѣчество вырождается и будущее на нашей планетѣ принадлежитъ въ водѣ—акуламъ, а на сушѣ—крысамъ.

Вотъ другой мой другъ — изъ стараго дворянскаго рода, родня Тургеневымъ, Шеншинымъ и Толстымъ, смѣшливый какъ дѣвочка, богомольный какъ старая дѣва, съ лица, правда, больше въ Шеншиныхъ. Чрезъ нѣсколько лѣтъ, въ университетѣ, онъ—атеистъ и революціонеръ, притомъ не какой-нибудь легкомысленный и забубенный, а глубоко перестрадавшій переломъ, который совершился въ его мысли и чувствахъ. Всегда невеселый, всегда нездоровый, онъ отрицалъ Бога и участвовалъ въ разныхъ пропагандахъ и бунтахъ съ видомъ мученика.

Вотъ Т. Въ младшихъ классахъ это былъ лѣнтяй и негодный малый, даже воришка, но въ четвертомъ классѣ онъ уже превратился въ старика и сознательно и настойчиво стал дѣлать карьеру. Онъ прилежно учился, но еще удачнѣй «подлизывался». Злющій инспекторъ любилъ покорность, — Т. передъ нимъ былъ покоренъ съ преданностью. Надзиратель, по прозвищу Галка, не любилъ надзирателя, по прозвищу Ворону, — Т. цѣлыми часами могъ нашептывать Галкѣ неодобрительныя сплетни про Ворону. Латинистъ былъ смѣшливъ, Т. усердно смѣшилъ его во время уроковъ. Нѣмецъ любилъ серьезное отношеніе къ дѣлу, Т. сидѣлъ предъ нимъ насупивъ брови и требовалъ самыхъ глубокихъ коментаріевъ къ Шиллеру.

Вотъ красивый черноглазый мальчуганъ З., вспыльчивый какъ порохъ. Онъ ужасно тосковалъ въ пансіонѣ, особенно въ первые дни по возвращеніи съ каникулъ. Ходитъ по корридору и плачетъ. Чѣмъ сильнѣй текутъ слезы, тѣмъ быстрѣе онъ ходитъ; чѣмъ быстрѣе ходитъ, тѣмъ больше плачетъ. Намочитъ одинъ платокъ, сходитъ къ гардеробщику за новымъ и опять плачетъ. Никакихъ утѣшеній ни отъ кого онъ не принималъ и только злился, когда съ нимъ заговаривали. Настоящій звѣрекъ. Такому-бы больше движенія, шума, суеты, гимнастики, ежедневно по хорошей дракѣ «по бокамъ», разъ въ недѣлю — «по мордамъ», — и пересталъ-бы сумасшествовать малый. Въ нашемъ-же пансіонѣ кончилось тѣмъ, что бѣднягу исключили съ волчьимъ билетомъ. Сколько помню, дѣло произошло такъ. Мальчикъ ходилъ по корридору и плакалъ. Надзиратель велѣлъ ему идти готовить уроки. Мальчикъ не слушается, ходитъ и плачетъ. Надзиратель настаиваетъ, кричитъ, грозитъ, грозитъ и кричитъ, конечно, на «вы», но обидно оттѣняя «желѣзную дисциплину», которой онъ вооруженъ. Вспыльчивый мальчуганъ обезумѣлъ и отвѣтилъ надзирателю, тоже на «вы»:

— Отстаньте! Я вамъ рожу разобью! и прибавилъ, закричавъ на весь домъ: — С—ъ сынъ!

Этотъ крикъ мы, уже сидѣвшіе за приготовленіемъ уроковъ, слышали, но самого З. съ той минуты никто изъ насъ больше не видалъ, точно его въ мѣшкѣ въ рѣку бросили. Это исчезновеніе произвело на насъ угнетающее впечатлѣніе. Вотъ она, желѣзная дисциплина! И ничего подобнаго потомъ не повторилось. Только разъ мой пріятель А., снимая въ спальнѣ сапоги, пустилъ ими въ надзирателя. Онъ тоже мгновенно исчезъ, точно сквозь землю провалился: устраивалось это съ совершенно полицейской ловкостью. Чрезъ мѣсяцъ, къ величайшему удивленію гимназіи, А. вернулся. Оказалось, что у него была нервная горячка.

Желѣзная дисциплина исключала всякую жизнь. Приходилось замѣнять ее воображеніемъ, и поэтому весь пансіонъ все свободное время проводилъ за чтеніемъ. Читали запоемъ. Читали наединѣ, читали парами. Устанутъ читать, начинаютъ разсуждать о прочитанномъ. Ничего хорошаго изъ этого не выходило. Всѣ, разумѣется, бросались на беллетристику, а о выборѣ книгъ никто не думалъ и не заботился. Дѣтямъ давали любовныя повѣсти Тургенева и «Дѣтство и отрочество» Толстого, вмѣстѣ съ другими его разсказами того-же характера. Тургеневъ великій поэтъ, Толстой великій психологъ и анализаторъ, но оба на дѣтей дѣйствуютъ какъ гашишъ, какъ на грудного ребенка соска изъ мака. Это чтеніе доставляло невыразимое наслажденіе; книга была точно окно, въ которое видѣлъ все счастье, какое только можно собрать на землѣ, среди ея свѣтлыхъ радостей и поэтическихъ горестей,—и не хотѣлось отрываться отъ этого окна. Но это — вредное наслажденіе въ четырнадцать, пятнадцать лѣтъ. Это развиваетъ мечтательность и созерцательность въ ущербъ энергіи, неговоря уже о томъ, что пробуждаются инстинкты, которые въ этомъ возрастѣ должны покрѣпче спать. Это даетъ превратное понятіе о жизни, которую привыкаешь считать состоящею изъ одной поэзіи и паѳоса. Художникъ развивается въ мальчикѣ въ ущербъ работнику. Хорошо, если въ ребенкѣ кроется дѣйствительно художникъ, тогда еще куда ни шло: пусть этою цѣною будетъ купленъ новый поэтъ, писатель или артистъ; но и тутъ должно имѣть въ виду, что крупная, дѣйствительно цѣнная художественная сила разовьется безъ искусственныхъ мѣръ, а о томъ, что нѣсколькими сочинителями средней руки стало меньше по той причинѣ, что ихъ способности не подогрѣвались, жалѣть не стоитъ. Что-же сказать о натурахъ просто мечтательныхъ, съ воображеніемъ всего лишь раздражительнымъ? Для нихъ раннее чтеніе безъ разбора только вредно. Для нихъ полезнѣй драться, получать синяки, разбивать носы, хорошо уставать, плотно ѣсть и крѣпко спать.

5.

Отъ чтенія къ авторству—одинъ шагъ. Читатель вѣдь тотъ-же авторъ, только сочиняющій въ компаніи съ авторомъ. Насочинявшись вдоволь въ сотрудничествѣ, читатель начинаетъ пробовать свои силы самостоятельно. Пансіонская скука способствовала этому занятію въ высшей степени, потому-что причина сочинительства въ концѣ-концовъ — скука, въ ея разнообразныхъ видахъ: неудовлетворенныхъ желаній, несбывшихся мечтаній, сожалѣній о прошломъ, тоски по идеалу, наконецъ, просто скуки отъ бездѣятельности или отъ недостаточной дѣятельности. Потребность въ творчествѣ приходитъ уже потомъ, когда человѣкъ привыкъ къ нему. Тургеневъ съ такой охотой и поэтической силой описывалъ любовь, потому-что онъ не любилъ счастливо. Толстой писалъ свою эпопею, гдѣ дѣйствуютъ народы, герои, цари и провидѣніе, будучи чиновникомъ уѣзднаго по крестьянскимъ дѣламъ присутствія и среди идиллической семейной и деревенской обстановки. Свободный человѣкъ не станетъ писать пламенные дифирамбы свободѣ—онъ займется ея *изслѣдованіемъ*,— какіе сочинитъ рабъ или запертый въ тюрьму. Мы въ пансіонѣ всегда были голодны и потому самыми высокими мѣстами «Мертвыхъ Душъ» считали сцены у Пѣтуха и завтракъ Чичикова у Коробочки.

Меня на сочинительство натолкнулъ учитель нѣмецкаго языка, который нашолъ, что я настолько владѣю языкомъ, что, не въ примѣръ товарищамъ, могу писать Aufsätze. Правда, мы писали «сочиненія» и по русскому языку, но тамъ темы задавались, тогда-какъ у нѣмца я выбиралъ ихъ самъ и «шолъ дорогою свободной, куда влечетъ свободный умъ». Изъ этой свободы чуть не вышло бѣды. Немного спустя я, конечно, основалъ журналъ. Еще чрезъ годъ я учредилъ литературное общество, навлекшее на ея членовъ уже настоящую бѣду, а для нѣкоторыхъ и непоправимую.

Нѣмецъ былъ хорошій человѣкъ, но угнетенный атмосферой казенной русской школы. Литературу, въ особенности нѣмецкую, онъ любилъ со всѣмъ жаромъ нѣмецкаго сердца и упорствомъ нѣмецкаго темперамента. Шиллеръ, Гете и Шекспиръ — это были его земные боги. Но своей страсти онъ давалъ волю только у себя дома, въ кабинетикѣ, заваленномъ роскошными изданіями любимыхъ поэтовъ. Тамъ онъ предавался восторгамъ и парилъ своимъ нѣмецкимъ духомъ. Въ гимназіи-же онъ появлялся съ неизмѣнной грустно-иронической обиженной улыбкой. Кто тутъ занятъ Шиллеромъ и Гете! Кто тутъ исполненъ постояннаго восторга предъ Шекспиромъ! Тутъ властителемъ думъ является не безсмертный Вильямъ, а «его превосходительство». Здѣсь трепещутъ не тогда, когда раскрываютъ «Фауста», а когда вбѣгаетъ сторожъ и шепчетъ: «Попечитель пріѣхалъ!» И нѣмецъ улыбался обиженно-ироническoй улыбкой. Посвящать въ свои восторги учениковъ? — Этого нѣтъ въ программѣ, а за исполненіемъ программы строжайше «слѣдятъ». Свои обязанности нѣмецъ исполнялъ добросовѣстно, но безъ всякаго воодушевленія. Идеально мертвымъ учителемъ онъ, однако, всетаки не сдѣлался. Онъ отличалъ Иванова отъ Крестовоздвиженскаго, видѣлъ, что Ивановъ — подлизала, и питалъ къ нему презрѣніе; понималъ, что Крестовоздвиженскій, хоть и шалунъ, но честный мальчуганъ, и выказывалъ ему расположеніе. Но и расположеніе и презрѣніе были сдержанныя, съ оттѣнкомъ грустной ироніи: все равно, изъ нихъ ничего не выйдетъ; нужно быть казенной машиной, а не живымъ человѣкомъ. Дисциплину нѣмецъ понималъ тоже по-человѣчески, а не какъ машину. Помню такой случай. Нѣмецъ иногда со мной шутилъ, и я съ нимъ однажды расшутился, но неудачно и черезчуръ. Передъ его приходомъ въ классъ я во всю доску нарисовалъ рожу, единственную рожу, которую я, при полной неспособности къ рисованію, умѣлъ чертить. Въ ту минуту, когда нѣмецъ уже входилъ, я съ ужасомъ замѣтилъ, что рожа совершенно случайно представляетъ явную каррикатуру на учителя. Нѣмецъ посмотрѣлъ на доску, обвелъ глазами классъ, замѣтилъ краску на моемъ лицѣ и сказалъ:

— Ничего характернаго. Удивительно бездарно. Да, да, и безхарактерно, и бездарно!

Тѣмъ дѣло и кончилось. Воображаю, какую исторію сдѣлалъ-бы изъ этого на мѣстѣ нѣмца всякій другой учитель нашей гимназіи!

Въ шестомъ классѣ я сдѣлался приходящимъ. Первымъ дѣломъ было, конечно, одѣться, какъ можно франтоватѣй. Денегъ, однако, было немного, и, купивъ лаковыя бальныя ботинки, я уже не былъ въ состояніи запастись калошами и, вмѣсто нихъ, пріобрѣлъ на толкучкѣ огромныя синія, самыя настоящія нигилистическія очки, въ которыхъ могъ щеголять, разумѣется, только внѣ гимназіи. Самъ себѣ я необыкновенно нравился, разсматривая свое отраженіе, за неимѣніемъ большого зеркала въ квартирѣ, гдѣ я жилъ, въ зеркальныхъ стеклахъ магазиновъ. Особенно хороши были ботинки, очки и саркастическая улыбка, которую я, въ качествѣ «нигилиста» и «молодого поколѣнія», выработалъ при помощи тѣхъ-же магазинныхъ оконъ. И, вотъ, однажды я встрѣтился на улицѣ съ нѣмцемъ.

Дѣло было зимою, въ морозъ. Въ моихъ лакированныхъ ботинкахъ были куски льда, а не ступни. Холодныя очки жгли переносицу. Саркастическая улыбка переходила въ сардоническую, точно я позавтракалъ стрихниномъ. Мы встрѣтились, раскланялись, и вдругъ лицо нѣмца выразило неизъяснимое блаженство. Когда мы разминулись, онъ окликнулъ меня. Я обернулся.

— Бальныя ботинки? спросилъ онъ, утопая въ блаженствѣ.

— Лакированныя. Ихъ не нужно чистить, — отвѣтилъ я.

— И синія очки?

— Синія очки. У меня слабое зрѣніе.

— Ступайте, ступайте! заторопился нѣмецъ, и на его лицѣ блаженство смѣнялось ужасомъ. — Ступайте! Вы умрете отъ холода! Трите носъ, трите носъ!

Моими вольными сочиненіями я занялся у нѣмца съ великимъ увлеченіемъ. «Грудь моя ширилась, я чувствовалъ: я могъ творить,» — могъ-бы я воскликнуть вмѣстѣ съ Пушкинымъ. Замыслы, одинъ грандіознѣй другого, тѣснились въ моемъ воображеніи. Я изобразилъ наступленіе великаго поста въ городѣ, я описалъ поѣздку на луга въ деревнѣ, я написалъ юмористическій разсказъ, какъ я съ лошади вверхъ ногами упалъ въ корыто, изъ котораго поили лошадей. Мнѣ все было мало, и я приступилъ къ творенію на трехъ четвертушкахъ, имѣвшему сюжетомъ эпизодъ изъ послѣдняго польскаго возстанія, о которомъ у меня сохранились смутныя дѣтскія воспоминанія. Сюжетъ былъ обработанъ, конечно, по пятнадцатилѣтнему, романтически. Шайка изъ дюжины человѣкъ, бродившая по нашему уѣзду, подвиги которой кончились тѣмъ, что мужики загнали и заперли ее въ хлѣвъ, превратилась у меня въ цѣлую армію. Она сражается съ русской арміей, притомъ по всѣмъ правиламъ пушкинской «Полтавы».—«Бой барабанный, клики, скрежетъ, громъ пушекъ, топотъ, ржанье, стонъ» и т. д. Побѣдили мы, — и слѣдуетъ лирическое мѣсто въ патріотическомъ духѣ, вродѣ Карамзина, только еще лучше. Предводителя шайки разстрѣливаютъ. Предводитель, чтобы не нарушить высокаго строя моего повѣствованія, ведетъ себя геройски. Выходитъ картина вродѣ гибели Тараса Бульбы, но опять-таки еще лучше. — «Такъ погибъ храбрый полякъ, боровшійся за свою отчизну!» — кончаетъ авторъ и старается написать эту сильную фразу какъ можно каллиграфичнѣй. Для возможнаго усиленія эффекта она была написана латинскимъ шрифтомъ, тогда-какъ остальное сочиненіе было писано готическимъ.

Я сдалъ сочиненіе учителю и предвкушаю новый литературный успѣхъ въ видѣ пятерки. Однако, учитель держитъ мою работу что-то дольше обыкновеннаго, мнѣ ничего о ней не говоритъ, а только тревожно и испытующе поглядываетъ на меня во время уроковъ. Наконецъ, однажды, встрѣтивъ меня въ корридорѣ, онъ отводитъ меня въ сторону и, сильно покраснѣвъ и озираясь, говоритъ:

— Я ваше сочиненіе сжогъ.

Я изумленъ. Вдали показывается надзиратель. Нѣмецъ, ни съ того, ни съ сего, начинаетъ мнѣ объяснять, когда въ концѣ словъ ставится ss, и когда sz. Надзиратель прошолъ.

— Фуй, какъ это противно! восклицаетъ нѣмецъ.—Да, да, противно! онъ краснѣетъ сильнѣй и торопливо продолжаетъ: — Я вамъ поставилъ пять, но сочиненіе сжогъ. Было-бы очень худо, еслибы оно попалось на глаза начальству...

Надзиратель опять приближается. Нѣмецъ краснѣетъ какъ кумачъ, до слезъ, и снова начинаетъ говорить о секретахъ ss и sz. Надзиратель удаляется.

— На! Это невыносимо! восклицаетъ нѣмецъ.—Я вамъ скажу коротко, сердито говоритъ онъ.—Ваше сочиненіе сочли-бы непатріотичнымъ и неблагонамѣреннымъ, нашли-бы, что вы восхваляете польское возстаніе.

Очевидно, нѣмецъ сильно былъ напуганъ. Теперь онъ напугалъ и меня. Оказывается, можно быть безъ вины виноватымъ; оказывается, меня окружаютъ невѣдомыя опасности. Чтобы избѣжать ихъ, надо быть осторожнымъ, хитрить, подлаживаться и трусить. За тобой слѣдятъ, шпіонятъ. Съ этой минуты многое мнѣ открылось, многое очень нехорошее. До того я часто слышалъ отъ товарищей, что время отъ времени въ нашихъ ящикахъ дѣлаютъ «обыски», и что производитъ ихъ надзиратель Ворона, служащій въ сыскной полиціи; но я пропускалъ это мимо ушей. Обыски представлялись мнѣ просто чудачествомъ со стороны начальства. Обыскивать начальству самому,—представлялось мнѣ,—лѣнь; вотъ оно и приказало Воронѣ быть тайной полиціей и дѣлать обыски. Теперь все это получило въ моихъ глазахъ иное значеніе. Ворона сталъ тайнымъ зложелателемъ, опаснымъ врагомъ. За то, что мое сочиненіе было сдано учителю въ промежутокъ между двумя обысками, я благодарилъ Бога.

6.

Пятнадцать-шестнадцать лѣтъ — критическій возрастъ. Тутъ человѣкъ-бутонъ почти мгновенно раскрывается и превращается въ цвѣтокъ,— въ розу, фіалку или какую-нибудь собачью ромашку,— что кому предназначено. Онъ раскрывается всѣми своими лепестками, и счастье, если его встрѣчаетъ солнце. Да, удивительно быстро совершается этотъ важный процессъ. Нѣсколько мѣсяцевъ,— и я и мои сверстники измѣнились и физически и умственно до неузнаваемости. Все, что будетъ разсказано ниже, произошло втеченіе какого-нибудь года. До того мы были совсѣмъ дѣти, годъ спустя мы стали черезчуръ взрослыми. Событія, внутреннія и внѣшнія, бѣжали точно взапуски.

Въ одно время съ упомянутымъ Вороной насъ «воспитывалъ» другой надзиратель, сѣявшій сѣмена совершенно противоположныхъ «ученій». Это былъ молодой, здоровый и ограниченный малый. Держалъ онъ себя рубахой-парнемъ, грубовато, но простодушно. На самомъ дѣлѣ, несмотря на ограниченность, онъ былъ очень себѣ-на-умѣ и впослѣдствіи сдѣлался любимымъ адвокатомъ у купцовъ,— публики, какъ извѣстно, простодушія сомнительнаго. Сѣмена свои надзиратель сѣялъ не въ качествѣ серьезнаго пропагандиста, на какихъ я наткнулся вскорѣ, а больше отъ скуки, да потому еще, что начальство — «стервецы». Инспекторъ на него кричитъ, а онъ его — отрицаетъ. Дѣлалъ онъ это, однако, осторожно, прямо никакихъ революцій не проповѣдывалъ, а только сѣялъ сѣмена сомнѣнія. Падали-же они на почву подготовленную. Ходитъ съ мальчуганомъ по корридору и бесѣдуетъ.

— Вотъ, господинъ Ивановъ, вы человѣкъ развитой, — говоритъ онъ, причемъ у развитого господина Иванова дѣлается отъ удовольствія щекотно въ животѣ, — а читаете вы такіе пустяки, какъ Алексѣй Толстой. Это вздоръ-съ! Эстетика! А ты-бы,—надзиратель переходитъ на сердечно-грубоватое «ты»,—ты-бы, когда въ отпускъ пойдешь, досталъ Писарева, да его-бы почиталъ.

— А что Писаревъ пишетъ? Стихи?

— Почитай, такъ увидишь. Только, братъ, его начальство не любитъ, и ты про мои совѣты не болтай. Одно скажу: онъ, братъ, эти авторитеты отрицаетъ. Человѣкъ долженъ быть свободенъ и самъ себѣ голова. А меня, вотъ, директоръ ругаетъ, а я молчу, потому-что онъ генералъ, а я губернскій секретарь. Вотъ у насъ какіе порядки. Только ты помалкивай, братъ!

Польщенный довѣріемъ «братъ», конечно, молчалъ какъ могила.

Такъ потрясался авторитетъ начальства. Другому надзиратель отъ скуки закидывалъ словечко насчетъ существованія Бога. Третьему, котораго родители не хотѣли перевести изъ пансіонеровъ въ приходящіе, надзиратель говорилъ: «Да, братъ, дурашное это старичье», и мгновенно превращалъ тѣмъ въ глазахъ собесѣдника недавнихъ «папашу съ мамашей» въ чудаковъ-стариковъ. Со мной надзиратель бесѣдовалъ больше по поводу моего журнала:

— Хорошо, братъ, хорошо ведется твой органъ, но, братъ, чистаго искусства слишкомъ много. Въ наше время нужно не то-съ. Нужны, братъ, боевыя статьи, публицистическія. Вотъ, экономъ кормитъ васъ плохо, а деньги себѣ въ карманъ кладетъ,—такъ его обличить. Вотъ деспотизмъ начальства разоблачить... Да только невозможно это, за это тебя изъ гимназіи по шеямъ турнутъ.

— Такъ что-же дѣлать? спрашиваю я, къ огорченію убѣждаясь, что мой журналъ совсѣмъ пустое дѣло.

— Гм... Что дѣлать? Этого я сказать не могу.

— Скажите! Отчего не можете?

— Не могу, да и шабашъ. Писать не пиши, а пока что, въ душѣ затаи.

Послѣ этого разговора мой журналъ измѣнилъ направленіе. Прямыя обличенія были, конечно, невозможны, но стали появляться, хотя и туманныя, зато горячія статьи о розни среди пансіонеровъ, о «безплодной борьбѣ партій» въ ихъ средѣ, о необходимости сплотиться въ видахъ дружной борьбы со зломъ. Подразумѣваемое зло были экономъ, злющій инспекторъ, Ворона. Партіи были: фискалки, «развитые господа» и равнодушные.

На чистоту объяснился со мной надзиратель-рубаха тогда, когда онъ покинулъ гимназію. Однажды я встрѣтился съ нимъ на улицѣ, и онъ зазвалъ меня къ себѣ. Оказалось, онъ жилъ въ компаніи съ нѣсколькими студентами, которые только прошлой весной окончили нашу гимназію. Представившаяся мнѣ картина дружескаго общежитія была обольстительна. Одинъ изъ студентовъ спалъ. Другой въ одномъ бѣльѣ сидѣлъ у стола и набивалъ папиросы. Третій въ туфляхъ ходилъ по комнатѣ. Всѣ трое имѣли видъ угорѣвшихъ или слегка отравленныхъ: лица блѣдны, взглядъ тусклый, языкъ заплетается, выраженіе лицъ апатичное.

— Выпили, братъ, вчера, объяснилъ мнѣ состояніе студентовъ надзиратель.—Ну, и женскій вопросъ разрѣшали. Что-жъ, братъ, ничего худого нѣтъ, самая естественная потребность.

По правдѣ сказать, все это было мнѣ противно и даже немного страшновато, но я всетаки заставлялъ себя находить это обольстительнымъ. Въ самомъ дѣлѣ, еще прошлой весною надзиратель былъ начальникомъ этихъ молодыхъ людей, а теперь они сидятъ и стоятъ предъ нимъ въ одномъ бѣльѣ. Еще недавно, чтобы выйти изъ комнаты, они должны были спрашиваться у него, притомъ не иначе, какъ вставши съ мѣста, а теперь они съ нимъ на—-ты. Вотъ это настоящія отношенія между воспитанниками и воспитателемъ! Вотъ-бы такіе порядки завести у насъ въ гимназіи!

— Опохмѣлимся, ребята! обратился надзиратель къ студентамъ.

Они опохмѣлились. Предложили рюмку водки и мнѣ, совершенно на товарищеской ногѣ; но я до того водки не только не пробовалъ, но даже и не видывалъ, какъ ее пьютъ, а потому отказался подъ предлогомъ, что «сегодня мнѣ что-то не хочется». Смотрѣть, какъ глотали водку, мнѣ было тоже противно и страшновато, но я заставилъ себя думать, что и это великолѣпно.

Когда опохмѣлились, особенно послѣ пятой рюмки, отравленные молодые люди ожили и со смѣхомъ стали вспоминать вчерашнія веселыя приключенія, а мой бывшій начальникъ въ какіе-нибудь полчаса объяснилъ мнѣ *все*, а я *все* понялъ.

Въ Россіи и въ нашемъ гимназическомъ пансіонѣ жить невыносимо, потому-что въ пансіонѣ и въ Россіи господствуютъ деспотизмъ и тайная полиція (я вспомнилъ Ворону и согласился). Народъ раздавленъ тяжестью податей. Интеллигенціи нельзя свободно вздохнуть, потому-что, осуди, напримѣръ, дѣйствія городового на улицѣ или надзирателя въ пансіонѣ, сейчасъ тебя обвинятъ въ политической неблагонадежности и посадятъ въ крѣпость (я вспомнилъ мое сочиненіе, сожженное нѣмцемъ, и опять согласился). Пансіонеры и русскіе граждане живутъ не такъ, какъ имъ хочется, а какъ угодно деспотизму. Это очень нехорошо. Хорошо будетъ тогда, когда мужики не будутъ платить податей, а начальствовать станетъ парламентъ, гдѣ будутъ засѣдать мой учитель, я, его ученикъ, и опохмѣлившіеся студенты. Въ полчаса все было со мной кончено. Сгоряча я не замѣтилъ, что ничего не было сказано о Богѣ, а также не объяснено, какими путями и способами достигнуть того, чтобы мужики не платили податей, а управлялъ-бы парламентъ. Во всякомъ случаѣ, вышелъ я отъ надзирателя цвѣткомъ, тогда какъ входилъ бутономъ.

Теперь я шучу, но тогда это было и серьезно, и тяжело. Начались мечты, мечты до безсонницы, до изнеможенія. Зародилась ненависть, тоже утомлявшая и омрачавшая душу. Начинала развиваться хитрость, понадобившаяся для того, чтобы скрывать отъ кого слѣдуетъ свои мечты и свою ненависть. Явилось сознаніе опасности,—и стало знакомо чувство страха. Страхъ развивалъ мнительность и трусливость... Но эти мечты, фантастическія и яркія какъ бредъ! Мерещились парламенты, мальчуганъ видѣлъ себя въ этомъ парламентѣ ораторомъ, героемъ, вождемъ. Чудились какія-то несмѣтныя толпы, на какой-то площади, при яркомъ солнцѣ, какіе-то колокола, какая-то музыка, какіе-то клики,—это была картина новаго счастливаго порядка вещей, когда всѣмъ будетъ «хорошо». А теперь всѣмъ—нехорошо. Потому и погода пасмурная, и извощикъ дразнитъ тебя красной говядиной, и надзиратель Галка на тебя кричитъ. И голова у тебя болитъ не отъ того, что ты до полночи ворочался въ постели, волнуемый сумасбродными мечтами, а отъ огорченій и заботъ, причиняемыхъ судьбами Россіи и человѣчества. Развивается сомнѣніе. Мальчуганъ увѣренъ, что всѣ эти необыкновенныя мысли доступны только его учителю да ему самому. Онъ начинаетъ считать себя геніемъ, начинаетъ думать, что онъ, выражаясь скромно, не пройдетъ надъ міромъ безъ слѣда. Этого не признаютъ представители «царюющаго зла», надзиратели и директоръ,—глупцы! И мальчуганъ начинаетъ предъ магазинными окнами вырабатывать саркастическую улыбку. И нигдѣ никакого руководителя, ни откуда никакой помощи. Снизу тебя тайно поджигаютъ, а сверху прихлопываютъ желѣзной дисциплиной. Конечно, это было не хуже дореформенныхъ порокъ.

Разрѣшенія задачи о способахъ водворенія въ Россіи всеобщаго благополучія мнѣ пришлось подождать довольно долго, нѣсколько мѣсяцевъ; но вопросъ о Богѣ былъ поставленъ на очередь вскорѣ. Разрѣшился онъ тоже очень быстро, при содѣйствіи того студента, который готовилъ меня въ гимназію и у котораго я поселился, когда сдѣлался приходящимъ. Къ чести студента долженъ сказать, что «развилъ» онъ меня не намѣренно, а «въ запальчивости и раздраженіи».

Студентъ, человѣкъ вообще хорошій, былъ истиннымъ дѣтищемъ гимназическаго пансіона, гдѣ онъ воспитался. Впродолженіе всего семилѣтняго курса онъ ни разу не былъ дома, на другомъ концѣ Россіи, не имѣвшей тогда желѣзныхъ дорогъ. Въ отпускъ брать его тоже было некому. Человѣкъ онъ былъ добродушный, но, будучи взрощенъ безвыходно въ пансіонѣ,— очень болѣзненный. Съ лица онъ походилъ на больного козленка,—худой, съ бородкой хвостикомъ и выпуклыми большими черными глазами. Онъ часто прихварывалъ, кашлялъ и лежалъ въ постели. Изъ дому выходилъ рѣдко, а въ свободное время топтался по комнатамъ, шлепая туфлями, обирая сухіе листья съ цвѣтовъ, которые любилъ, покуривая папироску да отмахивая отъ лица косицы жиденькихъ волосъ. Ни выпивокъ, ни женскаго вопроса, вообще никакого дебоша онъ не зналъ; да это было ему и не подъ силу. Сходитъ въ университетъ—и вернется блѣдный, въ испаринѣ, разстроенный отъ физической и нервной усталости. Типичный русскій интеллигентъ. Голова онъ былъ хорошая, способная, но слабая. Житейски это былъ тоже настоящій интеллигентъ, совсѣмъ ребенокъ. Пансіонъ, конечно, въ этомъ отношеніи ничего ему не далъ; покинувъ пансіонъ, онъ сейчасъ-же попалъ подъ новую опеку. Студентомъ онъ снялъ комнату у какой-то старушки, у которой была дочка, немолодая, некрасивая, но весьма энергичная дѣвица, по профессіи акушерка. Не прошло и нѣсколькихъ мѣсяцевъ, какъ почтенная старушка превратилась якобы въ тетушку студента, а ея дочка въ кузину. Еще немного погода студентъ женился на кузинѣ. Тетушка и кузина замѣняли интеллигентному молодому человѣку житейскую опытность, а онъ былъ среди нихъ троихъ самымъ «развитымъ» и этимъ довольствовался.

Ученики студента звали старушку бабушкой. Вотъ съ этой-то бабушкой студентъ и препирался о Богѣ. Бабушка пьетъ чай, держитъ блюдечко на растопыренной пятернѣ, какъ-будто загораживаясь отъ нечестивца, дуетъ и на чай и какъ-будто и на искусителя, сердито откусываетъ сахаръ, а студентъ ей—изъ Дарвина да изъ Бюхнера. Бабушка не пикнетъ, лицо у нея дѣлается каменнымъ, а студентъ ее—Штраусомъ да Фохтомъ.

— Я этакихъ богохульныхъ рѣчей не слушаю, скажетъ, наконецъ, бабушка и опять окаменѣетъ.

Студентъ возмущенъ. Какъ не слушаете! Да вѣдь это величайшіе вопросы вѣка! Вѣдь, не разрѣшивъ ихъ, жить нельзя! Да послѣ этого вы не человѣкъ, а моллюскъ, растеніе, бузина, хрѣнъ!—И ну—изъ Бюхнера да Молешота.

— Сонечка, что сегодня на обѣдъ готовить? прерываетъ бабушка.

Тутъ ораторъ, начавшій разговоръ только для того, чтобы посердить бабушку, самъ начинаетъ сердиться, раздражается, волнуется, наноситъ бабушкѣ личныя оскорбленія и выражается ужъ въ самомъ дѣлѣ богохульно. Я и говорю: типичный русскій интеллигентъ, который буянитъ больше отъ раздражительности, отъ нервнаго разстройства, чѣмъ по надобности. Нѣтъ сомнѣнія, что студентъ не такъ-бы жестоко отрицалъ Бога и не такъ демонстративно приписывался въ родню обезьянѣ, если-бы къ этому не примѣшалось желаніе разсердить бабушку. Бабушка была консерваторъ, студентъ — либералъ. Многое въ исторіи борьбы русскихъ либераловъ и консерваторовъ, въ жизни и литературѣ, не объяснимое реальными причинами, можетъ быть объяснено «нервами».

Вотъ я и наслушался — о Богѣ, о происхожденіи человѣка, о матеріи и силѣ, и въ два, три сеанса сталъ совершенно свободомыслящимъ человѣкомъ. Происходило это при типичной московской обстановкѣ. Кривой переулокъ; деревянный двухъэтажный флигель, во дворѣ; дворъ поросъ травкой; конура съ цѣпной собакой; водовозка; куры; пѣтухъ кричитъ на заборѣ. А въ верхнемъ этажѣ флигеля, въ крохотныхъ, кубической формы, комнаткахъ, холодныхъ и душныхъ вмѣстѣ, живутъ смѣлые отрицатели, отважные новаторы. Отважный новаторъ-учитель пройдетъ двѣ версты по улицѣ — и боленъ отъ усталости; ночью съ нимъ жаръ, и, несмотря на то, что онъ смѣлый отрицатель, ему страшно оставаться одному въ комнатѣ, и съ нимъ должна ночевать бабушка, на полу, на тюфякѣ, за ширмой. Даровитый ученикъ, отринувъ Бога, родителей, начальство, душу, честь, долгъ, любовь, нравственность и весь прочій «романтическій соръ», тайно, но по уши влюбленъ въ сосѣдскую кухарку, Василису, толстомясую веселую молодуху; спрятавшись за дровами, секретно куритъ сигары, которыя самъ дѣлаетъ изъ пропускной бумаги, за неимѣніемъ денегъ на табакъ, и обманнымъ образомъ, вмѣсто того, чтобы идти въ гимназическую церковь говѣть, убѣгаетъ на огороды кататься по замерзшимъ лужамъ на одномъ конькѣ, привязанномъ къ сапогу сахарной бечевкой.

7.

Бутонъ раскрылся въ цвѣтокъ. Цвѣтку надо было цвѣсти, — законченный человѣкъ долженъ былъ начать дѣйствовать.

Къ тому времени, когда я понялъ *все* и сталъ законченнымъ человѣкомъ, мнѣ было пятнадцать лѣтъ, шестнадцатый. Я былъ дома на каникулахъ, дѣйствовалъ и въ то-же время велъ оживленную переписку съ моимъ другомъ, Колей Алексѣевымъ, по разнымъ важнымъ вопросамъ теоретическаго и практическаго свойства. Дѣйствія-же заключались въ усиленной пропагандѣ новыхъ идей. Родители до слезъ огорчались, когда я объяснялъ имъ, что любовь родительская и дѣтская совсѣмъ не любовь, а эгоизмъ, и начинали думать, не тронулся-ли я въ умѣ. Кучеръ Алексѣй при каждой встрѣчѣ просилъ меня еще порасказать о происхожденіи человѣка отъ обезьяны, усердно хохоталъ и жалѣлъ, что этакая занятная исторія не изложена, подобно Коньку-Горбунку, въ стихахъ. Мой младшій братъ и его приближенные изъ дворовыхъ мальчишекъ не знали, куда дѣваться отъ моихъ разсужденій, прятались въ кусты и на сѣновалы, я ихъ тамъ находилъ, они начинали плакать и убѣгали вновь.

Однажды я, братъ и его адъютанты въ молодомъ березникѣ строили землянку. Теперь этотъ березнякъ—довольно почтенный дровяной лѣсъ, но яма нашей землянки еще видна, и я иной разъ отыскиваю ее въ лѣсу и размышляю о прошломъ. Въ самый разгаръ нашей работы къ намъ подошолъ мужикъ, Михалка Жолудь.— «Куда идешь?»—Въ лѣсъ, пчелъ посмотрѣть.— «Много-ли отъ пчелъ выручаешь?»—Немного.—

«Много-ли податей платишь?»—Много.—«А ты не плати. Ты самъ посуди: если ты не станешь платить податей, всѣ деньги останутся у тебя, и ты можешь на нихъ что-нибудь себѣ купить. Правда, хорошо?»—Очень хорошо.—«Ну, вотъ, ты и не плати, если хорошо. Это очень просто».

Михалка Жолудь ушолъ, а я принялся за рытье землянки, въ пріятномъ сознаніи, что вотъ я и вступилъ въ непосредственныя сношенія съ народомъ, открылъ ему глаза на его положеніе и указалъ средство выйти изъ него. Еще двѣ, три такія бесѣды,— и дѣло будетъ кончено, Россія процвѣтетъ. Но Жолудь оказался предателемъ и при первой-же встрѣчѣ въ корчмѣ съ жандармскимъ унтеръ-офицеромъ сообщилъ ему, что вотъ какія рѣчи ведетъ Дѣдловскій паничишка. Конечно, въ ту-же минуту возникла переписка, отъ унтеръ-офицера къ оберъ-офицеру, отъ этого къ штабъ-офицеру, отъ послѣдняго еще дальше. Все за номерами, входящія, исходящія, рапорты, запросы. Кончилось предписаніемъ и сообщеніемъ. Предписаніе было отправлено унтеръ-офицеру: слѣдить. Сообщеніе получило мое гимназическое начальство: для свѣдѣнія. Обо всемъ этомъ я узналъ позднѣе; тогда-же все происходило тайно, ужасно тайно. За мной слѣдили мужики, унтеръ-офицеры, оберъ-офицеры, штабъ-офицеры, надзиратели, его высокородіе инспекторъ, его превосходительство директоръ, работали канцеляріи и почтовыя учрежданія; можетъ быть, даже посылались шифрованныя телеграммы,— все съ жаднымъ желаніемъ выслѣдить нити и корни, дать время развить мою преступную дѣятельность вполнѣ и тогда накрыть, Россію спасти, а меня, потрясателя ея основъ, сокрушить. Превосходный, хотя нѣсколько и сложный педагогическій пріемъ, и отличные воспитатели, не щадившіе трудовъ и заботъ.

Съ Колей Алексѣевымъ мы переписывались о многихъ важныхъ вещахъ, но, въ качествѣ присяжнаго пансіонскаго сочинителя, я напиралъ преимущественно на литературу. Помню, я, между прочимъ, находилъ, что «Война и миръ» романъ очень глупый, потому-что тамъ кромѣ свѣтскихъ любовныхъ интрижекъ да свѣтскихъ сплетенъ ровно ничего нѣтъ. «Вешнія воды», появившіяся тогда въ «Вѣстникѣ Европы», были аттестованы какъ противное и пошлое проявленіе старческаго безсилія. Я очень одобрялъ Рѣшетникова, но верхомъ совершенства признавалъ романъ Омулевскаго — «Шагъ за шагомъ». Мои письма были цѣлые критическіе трактаты.

Занявшись критикой, я очень естественно пришелъ къ мысли, что, для того, чтобы быть въ этой области полнымъ хозяиномъ, слѣдуетъ изучить исторію литературы. Исторія словесности проходилась въ гимназіи, но какой-же порядочный гимназистъ вѣрилъ въ гимназію. Надо приняться за дѣло самимъ и изучить — *все*. Тогда это казалось очень легкимъ — постигнуть все. Слѣдовало запастись памятниками всей русской литературы и прочитать ихъ отъ доски до доски, начиная съ Нестора. Прочли Нестора, — подавай что тамъ за нимъ слѣдуетъ, былины, что-ли. Кончили ихъ, — клади на столъ Кантемира. Одолѣли Кантемира, — приступимъ къ Третьяковскому. Третьяковскаго никакъ нельзя пропустить, потому-что, вѣдь, надо знать — все. Дѣлать дѣло, такъ дѣлать какъ слѣдуетъ. Правда, нѣкоторую трудность представитъ переводъ Третьяковскаго

«Древней исторіи» Ролленя, тридцать томовъ которой валялись у меня дома на чердакѣ, не разрѣзанные со времени ихъ появленія въ свѣтъ въ 1749 году,—но что-же дѣлать, взявшись за гужъ, не говори, что не дюжъ. Такъ постепенно мы дойдемъ до нашихъ дней, до Омулевскаго, и будемъ знать—все. Конечно, я могъ-бы заняться этимъ и одинъ, но я не хотѣлъ таить моей удачной мысли для одного себя, я желалъ, чтобы «развивались» и другіе; кромѣ того, было пріятно развивать, какъ было пріятно «пропагандировать» Михалку Жолудя. Въ концѣ концовъ, я изложилъ моему другу планъ основанія литературнаго общества. Желающіе досконально изучить русскую литературу соберутся, изберутъ «президента», составятъ «общество», соберутъ «капиталъ» для покупки книгъ, учредятъ «засѣданія» и станутъ въ засѣданіяхъ «читать, спорить, разсуждать».

Мой другъ все это очень одобрилъ и, такъ какъ онъ лѣто проводилъ въ Москвѣ, сталъ вербовать членовъ общества, а я, несмотря на то, что и дома было пропасть дѣла въ видѣ «пропаганды» и постройки землянокъ, началъ рваться въ Москву.

8.

Вотъ, я и въ Москвѣ. Вотъ, наше «учредительное собраніе». Выбрали «президента», моего друга Колю. Президентъ дѣлаетъ строгое и внушительное лицо и начинаетъ говорить. Чѣмъ дальше онъ говоритъ, тѣмъ больше я изумляюсь его уму, котораго онъ набрался, неизвѣстно откуда, и тому неожиданному обороту, который приняла моя затѣя.

Президентъ началъ съ того, что первоначальная программа дѣятельности нашего общества, выработанная однимъ изъ членовъ (при этомъ онъ взглянулъ въ мою сторону), при ближайшемъ разсмотрѣніи, оказалась неудобною. Литература, отъ Нестора до Омулевскаго, слишкомъ обширна, чтобы изучить ее всю. Кромѣ того, она, за исключеніемъ самыхъ новѣйшихъ писателей, каковы, напримѣръ, Добролюбовъ, Писаревъ, Чернышевскій, Зайцевъ, не представляетъ ничего интереснаго, и будетъ достаточно, если мы займемся только названными писателями. Затѣмъ, свѣтъ не въ одной литературѣ; въ литературѣ даже мало свѣта. Въ наше время главная сила въ естественныхъ наукахъ, а потому наше общество должно налечь преимущественно на нихъ. Слѣдуетъ завести не литературную библіотеку, а физическій и химическій кабинеты и заняться «опытами». Изъ четырехъ засѣданій три должны быть посвящены естествознанію и только одно — литературѣ. Президентъ кончилъ и пустилъ вопросъ на голоса. Всѣ согласились съ нимъ. Затѣмъ президентъ сдѣлалъ сообщеніе, столь-же интересное, сколь и важное. Слава о нашемъ обществѣ распространилась далеко, и его членами желаютъ быть не только гимназисты другихъ гимназій, но и одинъ кандидатъ университета, который посвятилъ себя пропагандѣ здравыхъ идей среди рабочихъ. Кандидатъ предлагаетъ себя въ руководители физическихъ и химическихъ опытовъ и при выборѣ чтенія, но совершенно на товарищескихъ началахъ, при условіи, что его изберутъ членомъ общества. Опять произошло голосованіе, и опять единогласно было постановлено: кандидата университета, развивавшаго фабричныхъ рабочихъ, въ члены принять. Засѣданіе было закрыто, напились чаю и разошлись по домамъ.

Останавливаться-ли подробно на послѣдующей судьбѣ нашего общества? Читатель, конечно, предвидитъ, какъ пошло дѣло дальше. Явился развиватель фабричныхъ, переходная ступень отъ нигилиста къ народнику. Длинныхъ волосъ и синихъ очковъ у него уже не было, но пледъ и мягкая шляпа еще сохранились. Одежда потертая, смазные сапоги, косоворотая рубаха. Форса онъ, какъ бывало нигилисты, не показывалъ, а скромно занялъ мѣсто среди другихъ членовъ. Первое очередное засѣданіе было посвящено литературѣ, къ которому я представилъ два произведенія. Въ одномъ я описывалъ, какъ я на летательной машинѣ будто-бы ѣздилъ изъ Москвы въ Америку; въ другомъ очень живо изображалось, какъ доисторическій человѣкъ поклонялся своему деревянному идолу. Сначала прочли путешествіе. Развиватель не обругалъ меня, какъ это сдѣлалъ-бы нигилистъ по выслушаніи такого вздора, а просто промолчалъ. Остальные молчали, глядя на него. Моя летательная машина, очевидно, провалилась. Прочли о томъ, какъ доисторическій человѣкъ поклоняется идолу. «Члены» и тутъ молчатъ, но развиватель, противъ всякаго моего ожиданія, объявляетъ, что это «замѣчательно».

— Конечно, это аллегорія? обращается онъ ко мнѣ.

«А ну-ка, что выйдетъ, если это аллегорія?» думаю я и отвѣчаю:

— Да, отчасти и аллегорія.
— Что-же хотѣли вы ею сказать?

Авторъ, хоть убей, не могъ-бы объяснить, что онъ хотѣлъ сказать, и чувствовалъ себя въ положеніи ученика, не знающаго урока и ожидающаго за то единицу. Но единицы ему не поставили. Вмѣсто того, развиватель самъ сталъ объяснять смыслъ аллегоріи. Доисторическій человѣкъ, это, внѣ всякихъ сомнѣній,—народъ. Деревянный идолъ, конечно,—предразсудки, политическіе, религіозные и нравственные. Отъ этого-то доисторическій человѣкъ такъ и дикъ. Отрѣшись онъ отъ своихъ заблужденій, разрушь идола, и дикарь вступитъ на путь сознательной жизни и прогресса. Я слушалъ и недоумѣвалъ: что-же это за литературная критика? Аллегорія,—пусть себѣ и аллегорія, если это считается нужнымъ; но скажите-же и о художественной сторонѣ произведенія. А его художественностью я втайнѣ гордился: очень ужъ прочувствованны были картины доисторической природы и описаніе страшной рожи идола. Но лучше всего удалось мнѣ изображеніе дикой внѣшности идолопоклонника (у него былъ хвостъ, небольшой, но все-таки хвостъ) и его первобытныхъ манеръ (онъ ходилъ, то на ногахъ, то, когда нужно было куда-нибудь поспѣшить, бѣжалъ на четверенькахъ). Я было попробовалъ обратить вниманіе моего коментатора на эту сторону дѣла, но онъ, правда, безъ рѣзкости—это былъ уже не нигилистъ,—но съ глубокимъ убѣжденіемъ сказалъ, что эстетика попрежнему признается ненужной, даже вредной, и не ею слѣдуетъ заниматься современному человѣку. Съ этимъ я въ душѣ не согласился, но промолчалъ.

Итакъ, мы начали съ аллегорій. Очень быстро затѣмъ мы перешли и къ прямымъ рѣчамъ, сначала словеснымъ, потомъ печатнымъ, какъ дозволеннымъ, такъ и не дозволеннымъ цензурою. Три, четыре засѣданія, — и мы еще разъ поняли все, все окончательно. Два, три мѣсяца,— и мое невинное литературное общество превратилось въ кружокъ народниковъ — пропагандистовъ и революціонеровъ.

Я еще ранѣе окончательнаго «преобразованія» общества оставилъ Москву, но думаю, что и безъ этого я не былъ-бы увлеченъ новымъ направленіемъ нашей дѣятельности. И тогда, и потомъ,—тогда въ особенности, наши революціонеры наводили на меня уныніе. Я не вѣрилъ, что у нихъ есть силы сладить съ ихъ задачей, я убѣждался въ ошибочности ихъ надеждъ, унылую тоску на меня наводило наглядное несоотвѣтствіе ихъ самомнѣнія съ ихъ дѣйствительной ролью. А эта роль всегда представлялась мнѣ очень жалкою, горькою. Всегда въ моихъ глазахъ на этихъ людяхъ лежала какая-то печать слабосилія и роковой неудачливости. Я не помню среди нихъ, ни послѣ, ни въ то время, бодрыхъ людей. Были возбужденные, раздраженные, ожесточенные, доведенные до отчаянья, но не бодрые. Изнуренныя лица, вялыя тѣла, скудныя мысли, а дѣйствія — съ отпечаткомъ или мелкой хитрости, или аффекта. Позднѣе я это понялъ, тогда только чувствовалъ, но тѣмъ сильнѣе было впечатлѣніе. Уныніе, даже хандру нагоняли на меня и ихъ обычныя бесѣды, — объ арестахъ и обыскахъ, о фальшивыхъ паспортахъ и книжной контрабандѣ, объ убійствахъ и казняхъ, о предстоящей революціи, когда будутъ вѣшать на фонаряхъ, разрубать головы топорами и прокалывать животы вилами. Предметы для разговора—вообще мало пріятные, но говорить объ этомъ шестнадцатилѣтнимъ мальчуганамъ могли только люди свободные отъ всякой культурности. Эти рѣчи и эта обстановка, какъ ни заставлялъ я себя думать, что все это очень хорошо, какъ ни должна была льстить самомнѣнію роль народнаго борца, какъ ни волновали меня картины всеобщаго счастья, все носившіяся предъ моимъ воображеніемъ въ образѣ площади, толпъ, колоколовъ, яснаго солнца,— эти рѣчи и обстановка были мнѣ противны, угнетали меня, доводили до хандры. Это—«прививали мнѣ политику». Прививка прошла сравнительно удачно и легко.

Припоминая теперь судьбу членовъ кружка, я вижу, что уцѣлѣли всѣ тѣ, кто былъ поумнѣе. Погибли или глуповатые люди, стадо, «понѝхалки», которые идутъ туда, куда ихъ толкнутъ, или такіе, о которыхъ говорятъ: онъ умный человѣкъ, только умъ у него дурацкій. Эти послѣдніе — аффектированные люди, съ несдержанными рефлексами, съ расположеніемъ къ навязчивымъ идеямъ. Къ такимъ принадлежала и особенно отличалась одна барышня. Всей Москвѣ она была извѣстна своимъ колоссальнымъ ростомъ,—и этотъ колоссъ нарядился крестьянской дѣвкой и занялся тайной пропагандой по деревнямъ и на фабрикахъ. Ее арестовали чуть не въ первый день ея дѣятельности, и не столько въ качествѣ революціонерки, сколько по подозрѣнію, что это бѣглый гвардейскій новобранецъ, переодѣвшійся женщиной. Даже «свои» совѣтовали барышнѣ не ходить въ народъ, но она заявила, что не можетъ рисковать судьбою святого дѣла по той случайной и глупой причинѣ, что выросла немного выше остальныхъ людей. Тайкомъ она навѣрно не разъ и поплакала:— вѣдь, вотъ, и Пискарева, и Воробьева, и Сапогова — вылитыя куцыя деревенскія бабенки;

одна только она вытянулась до шести вершковъ!..

9.

Мнѣ было двѣнадцать лѣтъ. Я былъ въ квинтѣ нѣмецкой школы. Къ Рождеству пріѣхали мои родители и привезли съ собой моего маленькаго брата. На время ихъ пребыванія въ Москвѣ директоръ разрѣшилъ мнѣ жить у нихъ. Я блаженствовалъ. Спать мягко и тепло. Утромъ вкусный кофей съ плюшками. Съ братомъ безконечные разговоры о лошадяхъ, собакахъ и шалашахъ, оставшихся дома. Мать выслушиваетъ мои такіе-же безконечные разсказы о школѣ. Отецъ вслухъ читаетъ газету, громовыя статьи Каткова, а я положу ему голову на колѣни, и мнѣ подъ катковскіе громы хорошо, потому-что я чувствую, какъ люблю и отца, и мать, и брата. Изъ оконъ нашего номера—дивный видъ: гастрономическій магазинъ Генералова.

Однажды въ субботу, на послѣднемъ урокѣ, во время котораго я мечталъ о цѣломъ завтрашнемъ днѣ, который я буду блаженствовать у своихъ, я нашалилъ. Учитель пожаловался директору. Директоръ, когда мы выходили изъ класса, остановилъ меня и сказалъ, что за шалости я долженъ просидѣть часъ въ классѣ. Часъ не дома, не со своими! Я сталъ отпрашиваться,—директоръ прибавилъ еще часъ. Я залился слезами и сталъ уже кричать, прося прощенія,—директоръ сдѣлалъ страшные глаза и оставилъ до завтрашняго утра, а пока поставилъ къ стѣнѣ. Тутъ у меня прямо-таки помрачился умъ. Я просилъ, кричалъ, директоръ ставилъ меня въ уголъ, а я вырывался, брыкался. Никто никогда ни позволялъ себѣ ничего подобнаго съ директоромъ. Это была неслыханная дерзость, бунтъ. На насъ въ изумленіи смотрѣли ученики и надзиратели.

— А, когда такъ,— страшно сказалъ директоръ,— иди и въ школу больше не возвращайся. Маршъ!

Въ нашу гостинницу я явился безъ шапки, въ одной калошѣ, въ слезахъ, которые обмерзали у меня на лицѣ и даже на шубѣ, крикнулъ: «Меня выгнали изъ школы»!— и началъ колотить затылкомъ о печку.

Чрезъ четверть часа матушка была у директора, и директоръ съ полнымъ спокойствіемъ объяснялъ ей, что онъ совершенно меня понимаетъ, что исключать меня онъ и не думалъ, но и поступить иначе не могъ. «Вѣдь я директоръ школы,— говорилъ онъ,— всѣ на насъ смотрятъ, а я вступаю съ мальчуганомъ чуть не въ драку. Преступленія мальчикъ не сдѣлалъ, но онъ сильно погрѣшилъ противъ дисциплины и потому долженъ быть наказанъ. Пусть онъ придетъ и попроситъ прощенія. Дня два, три мы продержимъ его въ школѣ, а потомъ присылайте за нимъ».

Я пришелъ, просилъ прощенія, просилъ не по принужденію, а съ раскаяньемъ, съ сознаніемъ вины. Прощенье я получилъ и былъ этимъ растроганъ. Два дня, которые я провелъ наказаннымъ въ школѣ, я былъ воодушевленъ желаніемъ загладить свою вину и быть образцовымъ мальчикомъ. На третій за мной пришелъ братъ, восьмилѣтній карапузъ, въ заячьей шубкѣ, и серьезно объявилъ директору, что «мамаша приказала вамъ отпустить Володю». Директоръ улыбнулся такъ, что его бакенбарды приняли

8*

горизонтальное положеніе, и отвѣчалъ, что если мамаша приказала, то, нечего дѣлать, приходится отпустить.

Прошло неполныхъ четыре года, но я изъ ребенка превратился въ политическаго злодѣя. Какимъ меня сдѣлали, такимъ я и сталъ. Не хватало одного,—сослать меня въ Сибирь или исключить изъ гимназіи, умыть руки. Произошло послѣднее. Предлогомъ послужило тоже нарушеніе дисциплины.

Шолъ урокъ латиниста. Царила обычная тоска. Учитель былъ краснѣе обыкновеннаго; вѣроятно, наканунѣ онъ выпилъ въ обществѣ своихъ собакъ больше, чѣмъ слѣдуетъ. Даже шутки подлизалы Т. на этотъ разъ не имѣли успѣха. Латинистъ на Т. огрызнулся, и тотъ покорно замолчалъ. Потомъ учитель сказалъ, что мы не въ томъ порядкѣ сидимъ. Я подымаюсь и говорю:

— Такъ насъ разсадилъ господинъ Ч—скій.

Латинистъ багровѣетъ.

— Кто это такой господинъ Ч—скій? кричитъ онъ и этимъ крикомъ оскорбляетъ меня, политическаго злодѣя.

— Это нашъ классный наставникъ, рѣзко отвѣчаю я.

— Кто такой господинъ Ч—скій? впадая въ непонятное и несвойственное ему бѣшенство кричитъ латинистъ.

— Я вамъ сказалъ, кто.

— Это не господинъ Ч—скій, а Петръ Ивановичъ, Петръ Ивановичъ!

Дѣло въ томъ, что я еще не оставилъ своей петершулистской привычки называть учителей по фамиліи. Въ гимназіи-же полагалось начальственныхъ лицъ, ниже дѣйствительнаго статскаго совѣтника, величать по имени-отчеству, съ «ви-

никогда ни позволялъ себѣ ничего подобнаго съ директоромъ. Это была неслыханная дерзость, бунтъ. На насъ въ изумленіи смотрѣли ученики и надзиратели.

— А, когда такъ,— страшно сказалъ директоръ,— иди и въ школу больше не возвращайся. Маршъ!

Въ нашу гостинницу я явился безъ шапки, въ одной калошѣ, въ слезахъ, которые обмерзли у меня на лицѣ и даже на шубѣ, крикнулъ: «Меня выгнали изъ школы»!— и началъ колотить затылкомъ о печку.

Чрезъ четверть часа матушка была у директора, и директоръ съ полнымъ спокойствіемъ объяснялъ ей, что онъ совершенно меня понимаетъ, что исключать меня онъ и не думалъ, но и поступить иначе не могъ. «Вѣдь я директоръ школы,— говорилъ онъ,— всѣ на насъ смотрятъ, а я вступаю съ мальчуганомъ чуть не въ драку. Преступленія мальчикъ не сдѣлалъ, но онъ сильно погрѣшилъ противъ дисциплины и потому долженъ быть наказанъ. Пусть онъ придетъ и попроситъ прощенія. Дня два, три мы продержимъ его въ школѣ, а потомъ присылайте за нимъ».

Я пришелъ, просилъ прощенія, просилъ не по принужденію, а съ раскаяньемъ, съ сознаніемъ вины. Прощенье я получилъ и былъ этимъ растроганъ. Два дня, которые я провелъ наказаннымъ въ школѣ, я былъ воодушевленъ желаніемъ загладить свою вину и быть образцовымъ мальчикомъ. На третій за мной пришелъ братъ, восьмилѣтній карапузъ, въ заячьей шубкѣ, и серьезно объявилъ директору, что «мамаша приказала вамъ отпустить Володю». Директоръ улыбнулся такъ, что его бакенбарды приняли горизонтальное положеніе, и отвѣчалъ, что если мамаша приказала, то, нечего дѣлать, приходится отпустить.

Прошло неполныхъ четыре года, но я изъ ребенка превратился въ политическаго злодѣя. Какимъ меня сдѣлали, такимъ я и сталъ. Не хватало одного,—сослать меня въ Сибирь или исключить изъ гимназіи, умыть руки. Произошло послѣднее. Предлогомъ послужило тоже нарушеніе дисциплины.

Шолъ урокъ латиниста. Царила обычная тоска. Учитель былъ краснѣе обыкновеннаго; вѣроятно, наканунѣ онъ выпилъ въ обществѣ своихъ собакъ больше, чѣмъ слѣдуетъ. Даже шутки подлизалы Т. на этотъ разъ не имѣли успѣха. Латинистъ на Т. огрызнулся, и тотъ покорно замолчалъ. Потомъ учитель сказалъ, что мы не въ томъ порядкѣ сидимъ. Я подымаюсь и говорю:

— Такъ насъ разсадилъ господинъ Ч—скій.

Латинистъ багровѣетъ.

— Кто это такой господинъ Ч—скій? кричитъ онъ и этимъ крикомъ оскорбляетъ меня, политическаго злодѣя.

— Это нашъ классный наставникъ, рѣзко отвѣчаю я.

— Кто такой господинъ Ч—скій? впадая въ непонятное и несвойственное ему бѣшенство кричитъ латинистъ.

— Я вамъ сказалъ, кто.

— Это не господинъ Ч—скій, а Петръ Ивановичъ, Петръ Ивановичъ!

Дѣло въ томъ, что я еще не оставилъ своей петершулистской привычки называть учителей по фамиліи. Въ гимназіи-же полагалось начальственныхъ лицъ, ниже дѣйствительнаго статскаго совѣтника, величать по имени-отчеству, съ «вичемъ». Это должно было сдѣлать отношенія питомцевъ и воспитателей «интимными».

— Это Петръ Ивановичъ! Петръ Ивановичъ!— Кричитъ учитель. И онъ неожиданно для самого себя прибавляетъ:—Станьте въ уголъ.

Я, политическій злодѣй, долженъ стать въ уголъ? Никогда! Да и кромѣ того въ шестомъ классѣ въ уголъ уже не ставили. Учитель, вѣроятнѣй всего, сболтнулъ зря, забывъ, въ какомъ онъ классѣ. Разумѣется, я отвѣтилъ отказомъ.

— Тогда уходите изъ класса,—значительно понизивъ тонъ, сказалъ учитель.

Я съ достоинствомъ удалился: изгнаніе приличнѣй для политическаго злодѣя, чѣмъ стояніе въ углу.

Я хожу по корридору, горжусь одержанной побѣдой надъ латинистомъ, разсматриваю свои лакированныя ботинки, возмущаюсь «деспотизмомъ начальства», время отъ времени мысленнымъ окомъ созерцаю картину всеобщаго счастья: площадь, народныя толпы, народные клики и проч.. и проч.

— Вы что это тутъ фланируете, господинъ въ бальныхъ башмакахъ? спрашиваетъ меня злющій инспекторъ, превратившійся въ еще болѣе злющаго директора.

Я объясняю, въ чемъ дѣло. Директоръ думаетъ. Во мнѣ рождается что-то вродѣ надежды, что директоръ, пожалуй, найдетъ меня правымъ. Въ самомъ дѣлѣ, развѣ это вина, что я назвалъ учителя по фамиліи? Развѣ шестиклассниковъ ставятъ въ уголъ?

— Слѣдующій урокъ тоже латынь?—спрашиваетъ директоръ.

— Да.

— Очень хорошо. На этотъ урокъ Иванъ

Михайловичъ васъ выгналъ изъ класса, такъ-что до звонка продолжайте безпечно фланировать. Но на слѣдующій урокъ извольте стать въ уголъ. И на урокахъ Ивана Михайловича вы по моему приказанію будете стоять до рождества, а потомъ до тѣхъ поръ, пока это будетъ угодно Ивану Михайловичу... Совѣтую вамъ запастись для предстоящихъ стояній другими сапогами, попросторнѣй.

Я чувствовалъ, что если я дамъ себѣ волю, то выйдетъ сцена, вродѣ той, послѣ которой сумасбродный З. безслѣдно исчезъ изъ гимназіи; вмѣстѣ съ тѣмъ я понималъ, что если я не дамъ отпора директору, я буду «подлецъ». Это была важная минута и тяжелая минута. Тутъ впервые былъ серьезно поставленъ вопросъ о моемъ достоинствѣ.

— Я не стану въ уголъ,—сказалъ я спокойно, но внутренно обмирая.

— Да? Въ такомъ случаѣ намъ придется разстаться,—съ оффиціальной вѣжливостью и съ оффиціальнымъ прискорбіемъ сказалъ директоръ, поклонился и даже шаркнулъ ногой.

Я тоже поклонился, тоже шаркнулъ, повернулся и ушелъ съ тѣмъ, чтобы больше не возвращаться въ гимназію.

Началось мучительнѣйшее время моей школьной жизни,—для шестнадцати лѣтъ слишкомъ мучительное и не могшее не оставить дурныхъ слѣдовъ. Утѣшеніе, что всѣ мои сверстники выросли и воспитались при подобныхъ-же условіяхъ,—плохое утѣшеніе. Зато этимъ многое объясняется въ характерахъ и судьбѣ нашего поколѣнія, столь жестоко забракованнаго «Московскими Вѣдомостями», какъ это видно изъ эпиграфа къ настоящимъ статьямъ. Я былъ въ очень тяжеломъ состояніи. Меня удалили изъ гимназіи, и я останусь недоучкой. Меня удалили изъ гимназіи несправедливо. Я могу остаться въ гимназіи, если подчинюсь несправедливому наказанію. Но вѣдь это было-бы позорно. Худо и тяжело такъ; худо и тяжело было-бы и иначе. Со мной повторилось то, что я испыталъ въ первый годъ моего пребыванія въ нѣмецкой школѣ: я одичалъ, я чувствовалъ себя во власти какой-то злой силы. Но тогда я одичалъ, такъ сказать, наивно, какъ брошенный въ лѣсу котенокъ, а теперь—съ сознательной злобой противъ несправедливаго начальства. Тогда я подозрѣвалъ, что мною завладѣлъ просто-на-просто чортъ; теперь это были статскій совѣтникъ Иванъ Михайловичъ и дѣйствительный статскій совѣтникъ Дмитрій Ивановичъ. И никакого выхода впереди. Правда, выходъ былъ, и очень просторный: стоило только предложить свои услуги развивателю фабричныхъ; но я уже сказалъ, какое впечатлѣніе производили на меня онъ и ему подобные. Кромѣ того, вступивъ на этотъ путь, я причинилъ-бы смертельное горе родителямъ, а я ихъ очень любилъ.

Огорченіе родныхъ мучило меня еще больше, чѣмъ собственная неудача. Я былъ старшій, на меня возлагались надежды,—и вотъ я всего только выгнанный гимназистъ. Родные были мнительны,—и имъ казалось, что я погибъ навѣки. Много слезъ было пролито матерью, много безсонныхъ ночей провелъ отецъ. И я не спалъ, и я по секрету плакалъ. Пока меня бранили, пока грозили,—а это продолжалось цѣлыхъ три мѣсяца,—я оставался твердъ въ моемъ рѣшеніи. Но когда угрозы прекратились, и осталось одно непритворное, хотя и преувеличенное мнительностью горе, когда мнѣ стало «жалко», я уступилъ и, замирая отъ стыда, пошелъ къ злющему директору—съ повинной.

Пришелъ, явился къ его превосходительству, заставилъ себя пробормотать, что было нужно.

— Очень хорошо-съ. Такого рода вопросы подлежатъ разсмотрѣнію совѣта. Въ настоящее время господа преподаватели всѣ въ сборѣ, и я спрошу ихъ мнѣнія. Потрудитесь подождать.

Черезъ четверть часа директоръ вернулся.

— Къ сожалѣнію, совѣтъ не находитъ возможнымъ принять васъ, такъ-какъ со дня нашего непріятнаго разставанія прошло болѣе трехъ мѣсяцевъ, и вы не будете въ состояніи слѣдовать за курсомъ. Очень жаль. На прощанье позвольте предостеречь васъ отъ опасностей, которымъ вы себя подвергаете. Вы, какъ это дошло до свѣдѣнія гимназіи, заражены вредными идеями и даже, прошлымъ лѣтомъ, дѣлали попытки къ ихъ распространенію среди крестьянъ. Здѣсь въ городѣ вы устраиваете какія-то общества, съ цѣлями тоже едва-ли соотвѣтственными. Все это и не дозволено и отвлекаетъ васъ отъ занятій. Наконецъ, вы или кто-то изъ окружающихъ васъ пустились въ газетныя обличенія вашего бывшаго начальства. Конечно, лично мы относимся къ этому съ полнымъ равнодушіемъ, но въ интересахъ истины мы были вынуждены напечатать опроверженіе. Вамъ оно, разумѣется, извѣстно?

— Нѣтъ.

— Въ такомъ случаѣ прочтите.—Директоръ назвалъ мнѣ журналъ, въ которомъ было напечатано опроверженіе.—А за симъ, желаю встрѣтиться съ вами при лучшихъ обстоятельствахъ.

— Онъ поклонился, конечно, не подалъ руки, повернулся и ушолъ.

Я былъ опозоренъ. Я былъ испуганъ: каждый мой шагъ, оказывается, извѣстенъ, и, нѣтъ сомнѣнія, меня не приняли назадъ въ гимназію не потому, что я отсталъ въ ученіи, а именно по причинѣ этихъ «шаговъ». Но, чортъ побери, я попалъ въ литературу! О какихъ это обличеніяхъ и опроверженіяхъ директоръ говоритъ? Что онъ къ обличеніямъ равнодушенъ, это онъ вретъ. Какъ-то его обличили? Какъ-то они тамъ оправдываются? Оказалось слѣдующее.

Вскорѣ послѣ моего удаленія изъ гимназіи мой отецъ въ Петербургѣ, въ одной знакомой семьѣ, разсказалъ о причинахъ этого удаленія. Тутъ-же случился господинъ, не то что пописывавшій въ газетахъ, но знакомый съ другимъ пописывавшимъ. Время было такое, что пописывать можно было еще довольно энергично. Борьба противъ «классическаго образованія» была въ полномъ разгарѣ. И вотъ, на другой день послѣ разсказа моего отца, въ одной изъ газетъ появилась коротенькая, но горячая замѣтка о «классическомъ наказаніи» въ одной изъ московскихъ гимназій: воспитанника шестого класса, юношу, на порогѣ университета, на цѣлый годъ поставили въ уголъ, а юноша, возмущенный этимъ дикимъ распоряженіемъ, стоявшій уже на порогѣ университета, долженъ былъ оставить гимназію. Эта замѣтка попалась на глаза внутреннему обозрѣвателю одного изъ толстыхъ журналовъ, который по этому поводу и обрушился на «классическое образованіе». Обличаемые были задѣты, и въ слѣдующей книжкѣ помѣстили оффиціальное опроверженіе, которое, по странному канцелярскому обычаю, не столько опровергало, сколько размазывало и замазывало канцелярскими фразами фактъ. При этомъ я былъ прописанъ полными именемъ и фамиліей, тогда какъ обличенія объ этомъ умалчивали.

10.

Послѣ того, какъ опроверженіе распубликовало на всю Россію мои имя и фамилію, поступленіе въ казенную гимназію стало невозможнымъ, несмотря на то, что я былъ уволенъ по прошенію, а не исключенъ. Это была плохая услуга обличителей, и все-таки я имъ и до сихъ поръ благодаренъ. Они очень облегчили и мое горе, и горе родителей: общественное мнѣніе, печать за насъ! Однако благодарность эта совершенно частнаго характера. Вообще-же, способы и манера русскихъ обличеній, духъ нашихъ партійныхъ распрей, а затѣмъ и весь ходъ нашей общественной жизни внушаютъ мнѣ недовѣріе. Характерными признаками этой жизни являются неумѣлость, сварливость и геройничанье. Стараются не выяснить дѣло, которое обыкновенно мало и разумѣютъ, а, въ запальчивости и раздраженіи, заругать противника, себя-же самого выставить героемъ. Это я наблюдалъ во время голода, когда «крѣпостники» голодныхъ недокармливали до тифа, а «либералы» перекармливали до неоплатныхъ недоимокъ, — и, конечно, ссорились и геройничали до неприличія. Это я видѣлъ во время холеры, когда консерваторы били больше, чѣмъ лѣчили, а либералы развели холерные бунты, такъ-что и имъ пришлось потомъ не только бить, но и застрѣливать изъ ружей. То-же выходитъ съ нашими переселеніями: одинъ поретъ, чтобы и за ворота не выходили;

другой готовъ пороть, чтобы вся Россія ушла въ Азію. Земля нужна мужикамъ, — фаршируй ею и того, кому она дѣйствительно нужна, и того, кому ея просто «хочется». Кредитъ для дворянъ,—такъ утопить ихъ въ кредитѣ. Какой другой вопросъ можетъ быть нейтральнѣй, чѣмъ устройство земскаго сумасшедшаго дома, а и тутъ сейчасъ являются консерваторы и либералы и подымаютъ ругань на всю Россію и хвастовство на весь свѣтъ. Какъ-будто сумасшедшимъ не все равно, какой экономъ ихъ кормитъ: который вопросъ объ отмѣнѣ розогъ считаетъ мѣстнымъ, или такой, который полагаетъ, что это дѣло общегосударственное. Все дѣлается наскоро, кое-какъ, съ раздраженіемъ, но зато эффектно и геройски. Поэтому наши дѣятели, чиновные, земскіе, литературные и просто партикулярные, производятъ впечатлѣніе карьеристовъ, а не серьезныхъ дѣятелей.

Дѣло «классическаго образованія» шло обычнымъ русскимъ путемъ. Нѣтъ сомнѣнія, что люди, проводившіе и защищавшіе эту систему, саму по себѣ очень почтенную, были теоретики и не педагоги. О Леонтьевѣ, напримѣръ, его бывшіе воспитанники говорятъ, что, какъ воспитатель, онъ былъ тяжелъ и деспотиченъ. Катковъ, всегда утомленный газетной работой и литературной борьбой, появлялся въ своемъ лицеѣ рѣдко и обращалъ вниманіе больше на форточки, не дуетъ-ли изъ нихъ. Устраивалась система изъ кабинета, о ея результатахъ устроители судили по канцелярскимъ бумагамъ, о невозможной воспитательной обстановкѣ училищъ не знали,—а вся бѣда была въ ней, а не въ латыни и греческомъ, и не въ томъ, что Катковъ и Леонтьевъ съ единомышленниками якобы были «злодѣями».

Литература—если говорить о литературѣ—прежде всего должна была ополчиться противъ *воспитанія*, а не противъ классическихъ языковъ. Нужно было указывать на тѣсноту и духоту пансіонскихъ помѣщеній, на недостатокъ теплой одежды, на дурную пищу. Это, должно быть, казалось слишкомъ мелкимъ. Слѣдовало обличать неумѣлость надзирателей и педагогическую бездарность учителей. Слѣдовало ополчиться противъ канцелярщины и мертвой формалистики въ дѣлѣ воспитанія, ослаблявшихъ и уродовавшихъ душу и тѣло подростающаго поколѣнія. Вмѣсто того обличители стали на геройскую почву. «Классики» — злодѣи: они хотятъ своей латынью всѣхъ гимназистовъ превратить въ идіотовъ, не отличающихъ правой руки отъ лѣвой. «Реалисты» — герои, спасающіе Россію отъ неминуемаго идіотизма. Классики, такіе-же грѣшные русскіе люди, разумѣется, впали въ раздраженіе и обвинили противниковъ въ томъ, что тѣ хотятъ не реализма, а непремѣнно революціи. И вышла великая путаница. Латынь, скромная латынь семинарій, аптекъ и журнальныхъ эпиграфовъ, въ глазахъ однихъ превратилась въ средство сдѣлать Россію дурой, а по убѣжденію другихъ въ радикальное лѣкарство противъ революціи. Замѣшалась революція,—пошли сыски, сыщики, дружеская переписка жандармовъ съ воспитателями, желѣзная дисциплина, не только для учениковъ, но и для учителей, и дѣйствительно одуряющія, героическія, лошадиныя дозы спасительнаго лѣкарства, латыни. Вдобавокъ доктора-учителя оказались не докторами, а ветеринарами. Паны дрались, а у хлоповъ чубы трещали.

Оканчивая эту часть моихъ записокъ, я вижу,

что она вышла отрывочной, сухой и производитъ тяжелое впечатлѣніе. Вина въ этомъ падаетъ не на одного меня. Гимназія не дала мнѣ ни одного отраднаго воспоминанія, а время, которое я въ ней провелъ, два года, прошли быстро, какъ въ тюрьмѣ. Несмотря на то, что я много испыталъ, я въ это время не жилъ. Всѣ разсказанныя мною событія были не по моему возрасту, и потому или прошли безслѣдно — и это въ лучшемъ случаѣ,—или оставили дурные слѣды, какъ тяжелая болѣзнь. Иное дѣло нѣмецкая школа. Тамъ былъ живой школьный организмъ. Тамъ дѣйствительно воспитывали. Въ гимназіи-же были не воспитанники, а какіе-то подслѣдственные арестанты. Удивляться-ли послѣ этого вмѣстѣ съ «Московскими Вѣдомостями», что такая школа не выработала «великихъ характеровъ», и что наиболѣе характерныя общественныя явленія, участниками которыхъ являются люди новѣйшей формаціи, исчерпываются «опереткой, сенсаціонными процессами, нигилизмомъ и неврастеніей?..»

И все-таки скажу, что лучше было воспитываться,—хоть и съ трудомъ, съ опасностями, съ препятствіями,—да въ русской школѣ. Почему? Да хоть-бы потому, что этою цѣной все-же осмыслишь ту жизнь, отъ которой не уйдешь, для которой созданъ и живешь, для которой по мѣрѣ силъ долженъ работать.

Какъ мы „созрѣвали"

III.

Какъ мы „созрѣвали".

> ... Все вдругъ и съ классицизмомъ. Постепенность не была соблюдена вовсе. Произвели классическую реформу отвлеченно. За насажденіе великой мысли спасибо Каткову и Леонтьеву, ну, а въ примѣненіи мысли нельзя похвалить. Ввели дубиной.
>
> *(Изъ записной книжки Достоевскаго).*

I.

Идея такъ-называемаго классическаго воспитанія дѣйствительно великая идея,—идея воспитанія духа, а не одного только разсудка. Но введена идея дѣйствительно дубиной. Эта дубина висѣла надо мной втеченіе трехъ съ половиною лѣтъ, пока мои исканія «зрѣлости», послѣ многихъ неудачъ и испытаній, не увѣнчались успѣхомъ, и временами доводила меня чуть не до горячки, до кошмара.

Итакъ, я исключенъ изъ гимназіи, хоть не формально, но зато весьма фактически. Формально мнѣ не дали и волчьяго паспорта, но фактически сдѣлали еще хуже: опубликовали на всю имперію. Куда теперь дѣться? Начались тысячи-тысячъ думушекъ. Поступать въ юнкера рано по лѣтамъ, въ гражданской службѣ безъ образованія далеко не пойдешь, къ преступной пропагандѣ я не чувствовалъ призванія, просто проживать при родителяхъ не позволяло самолюбіе. Оставалось поступить куда-нибудь вольнослушателемъ. Доступнѣй всего для вольныхъ слушателей была тогда Петровская академія, и я отправился къ ея начальству. Академія мнѣ понравилась. Отличный домъ съ какими-то удивительными, выпуклыми стеклами въ окнахъ. Отличныя коровы, лошади и свиньи въ хлѣвахъ. Красивый паркъ. Жить приходится за городомъ, почти въ деревнѣ. Тѣ два часа, которые я провелъ въ Петровскомъ-Разумовскомъ въ ожиданіи директора академіи, были пріятными часами мечтаній о студенческой жизни при деревенской обстановкѣ. Но пришелъ директеръ и сообщилъ, что на-дняхъ послѣдовало распоряженіе не принимать въ академію, съ деревенской обстановкой, вольнослушателей. — Какъ-же быть? — Подготовьтесь къ экзамену при реальной или военной гимназіи, сдайте его и поступайте уже настоящимъ студентомъ. Это гораздо лучше. И я сталъ готовиться. Въ то время крутого введенія въ школу классицизма, изъ жертвъ реформы образовался многочисленный классъ жалкихъ и отверженныхъ существъ, именовавшихся «готовящимися къ поступленію въ учебныя заведенія». Я вступилъ въ ихъ печальные ряды. Готовящіеся къ поступленію были въ то время настолько многочисленны, что вызвали появленіе другого класса людей «приготовлявшихъ къ поступленію». Болѣе ловкіе изъ этихъ послѣднихъ, угадавъ потребности времени, не ограничивались тѣмъ, что ходили по урокамъ, а учреждали «заведенія для приготовленія къ поступленію въ заведенія». Самые ловкіе открывали настоящія гимназіи, съ правами, полными или ограниченными. Это былъ цѣлый промыселъ, довольно неопрятный, но выгодный. Я прошел чрез несколько такихъ заведеній.

2.

Первое заведеніе, куда я попалъ, не помню ужъ, по чьему указанію, принадлежало педагогу, только еще начинавшему свою полезную дѣятельность. Денегъ у него, повидимому, было немного, такъ-что помѣщеніе для своего пансіона онъ нанялъ на самомъ краю Москвы, среди пустырей и огородовъ, въ одномъ изъ тѣхъ домовъ, которые пустуютъ по причинѣ поселившихся въ нихъ чертей. Педагогъ съумѣлъ войти съ чертями въ соглашеніе, поправилъ крышу, ремонтировалъ верхній этажъ, оставивъ нижній во владѣніи чертей, съ тѣмъ, однако, условіемъ, чтобы они вели себя пристойно, нанялъ въ надзиратели какого-то жалкаго офицерика, принужденнаго выйти въ отставку по близорукости; для прислуги взялъ пьющаго солдата,—и заведеніе было готово. Начальникъ его служилъ гдѣ-то учителемъ и въ заведеніи не жилъ. По происхожденію онъ былъ изъ духовнаго званія. Обращеніе имѣлъ задушевное, елейное. Педагогія, по его словамъ, была его страстью; молодежь онъ любилъ, какъ собственныхъ дѣтей. Плату бралъ высокую. Жалованье офицерику и солдату платилъ неаккуратно. У него была франтиха-жена, а самъ онъ любилъ карты. Впослѣдствіи я имѣлъ случай убѣдиться, что большинство директоровъ этихъ заведеній для приготовленія въ заведенія брали много, платили мало, любили карты и имѣли франтихъ-женъ.

Директоръ заведенія, помѣщавшагося въ

домѣ, обитаемомъ чертями, сразу-же очень обласкалъ меня. Онъ выразительно пожалъ плечами и вздохнулъ, выслушавъ исторію моего удаленія изъ гимназіи, онъ прямо высказалъ, что сразу понялъ, что я способный и развитой юноша съ самолюбіемъ. Когда я сообщилъ ему, что я «пишу», онъ сказалъ, что это великій даръ небесъ, талантъ. Подготовить меня къ окончательному гимназическому экзамену онъ взялся безъ колебаній и посовѣтовалъ прежде всего запастись небольшой химической лабораторіей. Для гимназическаго курса лабораторія, правда, была не нужна, но вѣдь я готовлюсь въ сельскіе хозяева, а основа современнаго земледѣлія—химія. Узнавъ, что у меня рѣшительно нѣтъ въ виду продажной лабораторіи, онъ сначала потужилъ, а потомъ взялся отыскать таковую. И, дѣйствительно, чрезъ нѣсколько дней мнѣ привезли какой-то грязный шкафъ; въ шкафу были грязныя бутылки, наполовину пустыя, нѣсколько стеклянныхъ трубокъ, колбъ и ретортъ; отдѣльно доставили огромную бутыль съ купоросомъ, въ корзинѣ. Лабораторія стоила 200 рублей. Мои занятія химіей ограничились тѣмъ, что изъ стеклянныхъ трубокъ я стрѣлялъ въ воробьевъ жеванной бумагой, а купоросъ вылилъ въ сажалку сосѣдняго огорода, причемъ было занимательно наблюдать, какъ сѣрная кислота прожигала ледъ, какъ нагрѣлась вода и подохли микроскопическіе караси, водившіеся въ сажалкѣ.

Воспитанниковъ въ заведеніи было немного, человѣкъ десять, двѣнадцать. Изъ нихъ особенно припоминается мнѣ одинъ, малый лѣтъ двадцати, готовившійся въ кавалерійскіе юнкера. Отецъ его былъ чуть не наднях только разбогатѣвшій на какихъ-то подрядахъ полуграмотный крестьянинъ, разбогатѣвшій основательно, до милліоновъ. Младшія дѣти, родившіяся, когда отецъ былъ уже въ достаткѣ, учились въ гимназіяхъ, у гувернантокъ и гувернеровъ, а старшій, котораго во-время не учили, оставался деревенскимъ парнемъ и служилъ на отцовскихъ работахъ. Вдругъ ему стало обидно, что онъ необразованный, и онъ запросился въ науку. Отецъ и отдалъ его въ науку,— готовиться въ юнкера. Когда дочки запросили, чтобы ихъ учили музыкѣ, тятенька купилъ имъ шарманку.

Будущій юнкеръ былъ добрый и простодушный малый, искренно огорченный своимъ невѣжествомъ. Учился онъ усердно, цѣлые дни не подымая головы отъ книги, заучиваясь до лихорадки и нервнаго блеска въ вытаращивавшихся глазахъ. Такъ проходила недѣля, другая, и вдругъ мужичка охватывало непреодолимое желаніе «погулять». Однажды ночью я почувствовалъ, что меня будятъ. Я открылъ глаза, — передо мной стоялъ будущій юнкеръ.

— Что такое!?
— Тише! Поѣдемъ со мной погулять.
— Да вѣдь теперь полночь.
— Ничего. Меня въ Ливадію пустятъ. Знакомые.
— Что это за Ливадія?
— Трактиръ.

Я никогда еще не «гулялъ», никогда не бывалъ въ трактирахъ; даже въ гостинницахъ мнѣ не случалось выходить въ ресторанъ, а обѣдъ всегда приносили въ номеръ; но нельзя-же было это обнаружить! И я сказалъ:

— Отличное дѣло! Только какъ-же мы удеремъ?

И я сдѣлалъ видъ, что обдумываю какой-то геніальный планъ удиранія, тогда какъ на самомъ дѣлѣ я трусилъ.

— Ужь удеремъ. У меня это давно налажено, да одному скучно гулять.

Мы одѣлись и потихоньку вышли въ корридоръ. Тамъ дожидался нашъ солдатъ, съ шубой будущаго кавалериста.

— Принеси и имъ шубу, указалъ юнкеръ на меня.

— За ихнюю шубу тоже рубль давай, отвѣтилъ солдатъ.

— Больше полтинника не дамъ, сказалъ юнкеръ.

— А я шубы не дамъ.

— Бери семь гривенъ.

— Нѣтъ, рубль давайте.

Мужичекъ вдругъ освирѣпѣлъ.

— Морду всю разобью! зашипѣлъ онъ.— Чтобъ была шуба за семь гривенъ!

Солдатъ оробѣлъ, и моя шуба была подана. Одѣвшись, мы прокрались на черный ходъ, вышли на деревянную «галдарею» и отворили окно. Къ окну солдатъ заранѣе приставилъ лѣстницу, по которой мы спустились внизъ. На улицѣ за угломъ насъ ждалъ лихачъ, который и помчался во всю рысь въ Ливадію. Мужичокъ всю дорогу ворчалъ:

— И народецъ-же нынче! Шубу даетъ — рубль ему; назадъ въ окошко впускаетъ — опять рубль. И за васъ ему рубль! Шалишь, братъ, бери семь-гривенъ, достаточно!.. Ну, ты, морда, пошевеливай! крикнулъ онъ на извощика и ткнулъ его кулакомъ въ спину.

— Шевелимся, Иванъ Савичъ, нимало не обидевшись, а напротивъ, какъ-будто польщенный, отвѣтилъ извощикъ.

Всѣ эти дѣйствія, рѣчи и манеры были до того для меня новы, что я только изумлялся, не въ силахъ отнестись къ нимъ критически. Трактиръ Ливадія и то, что тамъ произошло, уже совсѣмъ ошеломили меня. Это былъ дрянной трактиришко, гдѣ-то въ переулкахъ около Николаевскаго вокзала. За позднимъ временемъ онъ былъ уже закрытъ, но на голосъ моего спутника дверь отворилась тотчасъ-же. Черезъ двери насъ опрашивали грубые и заспанные голоса, но, когда мы вошли, поднялось радостное смятеніе. Половые кланялись въ поясъ. Буфетчикъ улыбался и пенялъ, что давно не бывали. Откуда-то выскочила недурная собою черноглазая бабенка, въ ситцевомъ платьѣ, съ папиросой въ зубахъ, сразу повисла на шеѣ моего спутника и хохотала отъ радости, что «пришолъ Ванечка».

Спутникъ потребовалъ водки, вина и ужинъ. Комната, которую мы заняли, оказалась крохотной конурой. Ситецъ на стульяхъ и на диванѣ былъ противный, засаленный. По стѣнамъ бѣгали тараканы. Ужинъ состоялъ изъ солянки, а на десертъ—мармеладъ и мятные пряники. Водка была померанцевая. Вина—кагоръ и рогомъ. Немного погодя явилась еще женщина, тоже съ папироской въ зубахъ и тоже въ ситцевомъ платьѣ, изъ себя тощая, въ веснушкахъ, съ волосами пыльнаго цвѣта. Она сѣла неподалеку отъ меня и хладнокровно смотрѣла на меня круглыми глазами, съ большими зрачками и въ припухшихъ вѣкахъ. Мнѣ стало страшно; подъ предлогомъ внезапнаго нездоровья, я запросился домой, но мой спутникъ, уже выпившій нѣсколько рюмокъ водки, такъ рано покинуть очаровательную Ливадію не согласился и заставилъ пить и меня. Я выпилъ порядочно, но отъ страха и ошеломленія не захмѣлѣлъ. Время для меня тянулось невыносимо медленно. Наконецъ, часа въ четыре ночи мы отправились въ обратный путь. Мой спутникъ, бывшій въ отличномъ настроеніи въ Ливадіи, теперь сталъ сердитъ.

— Эхъ, не умѣете вы гулять! съ упрекомъ сказалъ онъ мнѣ и затѣмъ всю дорогу молчалъ, кутаясь въ свою дорогую кунью шубу.

Дома насъ ожидалъ сюрпризъ. Окно въ галереѣ было накрѣпко заперто. За окномъ стоялъ нашъ пьяный солдатъ.

— Пусти.
— Дадите за обоихъ по рублю, пущу.
— Рубль семь-гривенъ за двоихъ.
— Нѣтъ, два цѣлковыхъ.
— Рубль семь-гривенъ.
— Ну, и ночуйте на дворѣ.

Мой спутникъ пришолъ въ ярость, выбилъ стекло, откинулъ крючокъ и отворилъ окно. Шумъ разбудилъ нашего офицерика; онъ, конечно, понялъ, въ чемъ дѣло, но не подалъ вида: мужичокъ былъ слишкомъ прибыльной статьей для заведенія. А солдатъ такъ и не добился двухъ рублей, получивъ всего рубль семь-гривенъ.

Отгулявъ, мужичокъ съ новымъ азартомъ погружался въ науку. Труднѣе всего давались ему ѣ въ правописаніи, вальсъ въ танцахъ и значеніе иностранныхъ словъ. Онъ замучилъ весь пансіонъ просьбами диктовать ему и репетировать съ нимъ легкіе танцы. Помню, какихъ каторжныхъ усилій стоило ему запомнить и различить значеніе словъ: капитуляція, капитализація, компенсація, колонизація, канонизація и канализація. Упорный и настойчивый былъ мужичокъ.

Въ курьезномъ заведеніи я пробылъ недолго. Чрезъ нѣсколько недѣль заглянулъ ко мнѣ отецъ и сразу-же понялъ, куда я попалъ. Мнѣ велѣно было собирать вещи. Въ напряженномъ молчаніи разсчитался отецъ съ содержателемъ, причемъ содержатель тоже напряженно молчалъ, открывая ротъ только для диктованія цифръ (стоимость знаменитой химической лабораторіи при этомъ какъ-то нечаянно возросла съ двухсотъ до двухсотъ пятидесяти рублей). Отецъ отдалъ деньги, взялъ подписанный счетъ и пошолъ къ дверямъ. Въ дверяхъ онъ обернулся и съ оживленнымъ видомъ спросилъ:

— Скажите, пожалуйста, вы не были аптекаремъ?

— Нѣтъ, не былъ, такъ-же оживленно отвѣтилъ содержатель.

— Странно. Вашъ счетъ совершенно аптекарскій.

Когда мы ѣхали въ гостиницу, отецъ мнѣ объявилъ, чтобы я выбиралъ одно изъ двухъ: либо идти въ солдаты, либо ѣхать въ губернскій городъ, близъ котораго отецъ въ то время жилъ, и готовиться тамъ къ выпускному экзамену при классической гимназіи, съ тѣмъ, чтобы поступить въ университетъ, и никуда больше. Никогда еще отецъ не говорилъ со мною такъ сурово и такъ лаконически. Несмотря на свою вспыльчивость и горячность, со мною онъ всегда былъ мягче, чѣмъ слѣдовало-бы. Я почувствовалъ себя виноватымъ (одна Ливадія чего стоила; недаромъ она меня ошеломила!) и глупымъ (какъ это я не понялъ, что наше заведеніе было дрянь, а не заведеніе!) и отвѣтилъ, что выбираю подготовку къ экзамену зрѣлости. Тутъ-то и начались мои страданія искателя зрѣлости.

3.

Однако, судьба ввергла меня въ пучину заботъ и тревогъ не сразу. На прощанье съ душевнымъ спокойствіемъ она устроила мнѣ настоящую идиллію.

Городъ, куда я попалъ, былъ небольшой и тихій. Поселили меня у отставного чиновника, стараго холостяка, нѣмца и чудака. Чудакъ большую часть дня занимался гимнастикой, для чего раздѣвался до фуфайки, да растирался холодной водой, причемъ снималась и фуфайка. Чудакъ сначала попытался и меня склонить къ гимнастикѣ и холодной водѣ, но встрѣтивъ несочувствіе, оставилъ меня въ покоѣ. Сначала онъ слѣдилъ и за моими занятіями, но потомъ, убѣдившись, что это довольно безпокойно, сложилъ съ себя и эту обязанность. Покончивъ съ уроками, я былъ совершенно свободенъ и старался уходить изъ дому какъ можно чаще и какъ можно болѣе надолго, потому-что съ чудакомъ мнѣ было скучно. Однажды, бродя по городскому бульвару, я встрѣтилъ молодого человѣка, лицо котораго мнѣ показалось знакомымъ. Вглядѣвшись, я узналъ своего товарища по нѣмецкой школѣ, классомъ старше меня, Э. Въ самый день поступленія Э. въ школу, я, находившійся тогда въ состояніи одичанія, ни съ того, ни съ сего разбилъ ему носъ, и Э., хоть и поколотилъ меня, нѣсколько дней ходилъ съ распухшей и синей переносицей. Теперь Э. былъ красивый, высокій молодой человѣкъ въ очкахъ и съ порядочной бородкой. Я смотрѣлъ на его носъ и колебался, подойти къ Э., или нѣтъ. Наконецъ, я рѣшился и подошолъ. Э., казалось, совсѣмъ не помнилъ о нашемъ столкновеніи, призналъ меня, сказалъ, что онъ здѣсь готовится къ экзамену зрѣлости, потому-что въ провинціи экзаменуютъ легче, и повелъ къ себѣ на квартиру. Тамъ я нашолъ другого своего товарища по школѣ, уже одноклассника, П. Оказалось, что и П. теперь-же весною будетъ держать на зрѣлость. Это сконфузило меня: когда буду готовъ къ экзамену я, я и предвидѣть не могъ. Впрочемъ, тотчасъ-же нашлось и оправданіе. По недавнему распоряженію, я не имѣлъ права сдать окончательнаго экзамена раньше моихъ товарищей по казенной гимназіи, а тѣмъ до окончанія курса оставалось еще два года. Я ободрился и напалъ на «правительство». По модѣ того времени, мы ругнули начальство и пригрозили ему революціей, — и почувствовали себя друзьями. Мои новые друзья были съ бородками; у меня бороды не было. Чтобы показать имъ, что не въ бородѣ дѣло, я разсказалъ, что въ Москвѣ есть очень хорошіе трактиры, въ особенности Ливадія, и въ привлекательномъ и даже отчасти въ эманципированномъ свѣтѣ изобразилъ тѣхъ двухъ особъ въ ситцевыхъ платьяхъ, которыя на самомъ дѣлѣ ввергли меня въ ошеломленіе, смѣшанное съ ужасомъ. Мнѣ отвѣтили, что у нихъ тутъ есть прехорошенькія знакомыя, двѣ сестры, Марья Сергѣевна и Татьяна Сергѣевна, и предложили, не теряя золотого времени, идти къ нимъ въ гости и познакомиться. Внутренно я опять исполнился ужасомъ и ошеломленіемъ, но наружно съ развязностью и удовольствіемъ согласился. — «Это, братъ, дѣвушки совсѣмъ тургеневскія!» говорили мнѣ мои новые пріятели. «Ладно, думалъ я, моихъ ливадійскихъ знакомокъ я вамъ описалъ тоже вродѣ жоржзандовскихъ типовъ!»

Но дѣвушки оказались на самомъ дѣлѣ тургеневскими, изъ его простенькихъ, мѣщанскихъ или мелкопомѣстныхъ героинь. Это были хозяйки прежней квартиры моихъ пріятелей, швеи. Жили онѣ въ крохотномъ деревянномъ флигелькѣ, выкрашенномъ въ розовую краску, о двухъ окнахъ на улицу. Настоящей хозяйкой была третья, старшая сестра, пожилая дѣвушка. Во флигелѣ все было тургеневское. Было очень чисто. На маленькихъ окошкахъ стояли герани и фуксіи. Былъ любимый котъ, котораго нещадно тормошила Марья Сергѣевна, то повязывая его по-бабьи платкомъ, то закручивая ему усы, то надѣвая ему на носъ очки Э. Котъ царапался, иногда пребольно, до крови. Маша сердилась и давала коту пощечину, а потомъ просила у него прощенія. Маша была стройная худощавая дѣвушка, съ византійскимъ личикомъ. Эти русскія лица, съ византійскимъ пошибомъ, съ большими правильно очерченными темными глазами, тонкимъ носомъ, благороднымъ оваломъ лица, по мнѣнію нѣкоторыхъ, обязаны своимъ происхожденіемъ византійскимъ иконамъ, которымъ молились многія поколѣнія русскихъ матерей. Въ теперешнее время гипнотизма, внушенія и самовнушенія, это объясненіе не покажется очень натянутымъ. Маша была красотка, добрая, но въ капризѣ иногда и злая, прямая, но иной разъ по прихоти и лукавая, съ большимъ запасомъ нѣжности, но и недотрога. Я помню по-кошачьи ловкую, граціозную, быструю и пребольную пощечину, которую получилъ отъ дѣвушки гимназистъ изъ мѣстныхъ барчуковъ, къ тому-же сынъ семьи, на которую шили дѣвушки, за излишнюю вольность обращенія. Словомъ, это была женщина, тургеневская женщина, хорошенькая и поэтическая маленькая загадка, составленная изъ противоположностей и неожиданностей. Младшая ея сестра, Таня, была тоже тургеневская, но изъ героинь второго плана. Эти второстепенныя героини у Тургенева любятъ покушать, любятъ поспать. Онѣ сидятъ у окошка, смотрятъ на улицу и сами себѣ говорятъ: вотъ, офицеръ прошолъ; вотъ, черный пудель бѣжитъ. Совсѣмъ такою была и Таня, простодушная, толстенькая и мягкая, какъ пуховая подушка, шестнадцатилѣтняя дѣвушка. Въ розовомъ флигелькѣ о двухъ окошкахъ жила тогда самая настоящая тургеневская поэзія. Много прелести вносилъ въ нее и мой другъ Э., теперь давно и слишкомъ рано умершій. Онъ былъ тѣмъ, что называется чистою душой. Безкорыстный, безхитростный, добрякъ, азартный спорщикъ, вспыхивавшій при всякой неправдѣ или нелѣпости, хорошій музыкантъ и не безъ композиторскаго таланта, нѣжно любившій женщинъ и имѣвшій у нихъ успѣхъ, онъ былъ, конечно, обрусѣвшимъ нѣмцемъ. Такіе прозрачно чистые люди въ Россіи отрождаются только среди нѣмцевъ, да еще между евреями. Чисто русскій хорошій человѣкъ все-таки, хоть немного, да съ кваскомъ, — съ кваскомъ практичности, безъ которой при лукавыхъ и жосткихъ условіяхъ нашей жизни прямо-таки просуществовать нельзя, или съ кваскомъ несовсѣмъ здоровыхъ капризовъ и причудъ избалованной дворянщины, вродѣ Тургенева, извѣстнаго «хрустально-прозрачнаго» человѣка. Нѣмцы-же и, какъ это ни странно на первый взглядъ, евреи могутъ быть совсѣмъ безъ кваска. Нѣмцы рождаются такими отъ своихъ нѣмецкихъ матерей, предоставляющихъ борьбу за существованіе мужьямъ и замыкающихся въ чистой святынѣ семьи. Чистые евреи походятъ на отцовъ, какихъ-нибудь раввиновъ или просто богомоловъ, не пекущихся ни о чемъ мірскомъ, всю жизнь проводящихъ за святыми книгами, въ созерцаніи величія Бога и его праведниковъ. Одному такому созерцателю жена послала къ обѣду въ синагогу по ошибкѣ вмѣсто горшечка съ ѣдой горшокъ съ водой, въ которой мыли посуду, и даже съ мочалкой, которою ее чистили. Созерцатель, не отрывавшійся отъ книгъ даже во время обѣда, ничего не замѣтивъ, все это на здоровье скушалъ.

Была весна, и чудесная весна, солнечная, теплая, дружная. Яркое солнце будило рано, насылая веселые сны, отъ которыхъ сердце билось быстрѣе и не давало спать. Я, съ какимъ-нибудь Кюнеромъ или Рудаковымъ въ рукахъ, выходилъ въ садъ. Въ саду нѣжная, мягкая трава росла по часамъ, листва деревъ съ каждымъ утромъ становилась гуще, зацвѣтала сирень. Я, со своимъ Кюнеромъ, взлѣзалъ на заборъ и усаживался на немъ верхомъ. По сосѣдству тоже былъ садъ. Въ нашемъ саду въ бесѣдкѣ обыкновенно сидѣла жившая на нашемъ дворѣ молоденькая барышня и читала — Лассаля. По ту сторону забора часто появлялась другая барышня и читала—Вундта. Скоро я свелъ знакомство съ обѣими и, неизвѣстно зачѣмъ и почему, дразнилъ ихъ, иногда доводя до слезъ, такъ-что, наконецъ, онѣ пожаловались на меня моему чудаку. До обѣда ходили ко мнѣ учителя, больше инородцы, — чехи, болгары, французъ съ бѣльмомъ на глазу, хромой нѣмецъ. Учителя сдерживали зѣвоту, подо мной горѣлъ стулъ, потому-что солнце и весна вызывали усиленное сердцебіеніе. Послѣ обѣда я уходилъ за городъ.

Сердце все билось, надо было его заставить замолчать. Я лазилъ въ загородной рощѣ по деревьямъ, разсматривалъ вылупившихся изъ яицъ галчатъ, дразнилъ старыхъ галокъ и вдругъ, отъ избытка силъ и чувствъ, внизъ головой, зацѣпившись ногами, повисалъ на самой макушкѣ старой березы и болтался такъ къ великому изумленію галокъ, старыхъ и молодыхъ. Я уходилъ далеко въ степь и лежалъ тамъ, разсматривая то травы подъ моимъ лицомъ, то безмолвно живущія и безшумно движущіяся облака надъ головой. Когда и это не помогало, я выходилъ къ полотну желѣзной дороги и, завидѣвъ поѣздъ, клалъ голову на рельсы. Машинистъ начиналъ неистово свистать, я сто разъ умиралъ со страха и вскакивалъ на ноги. Проѣзжая, машинистъ ругался до хрипоты, а я показывалъ ему языкъ.

Къ вечеру я заходилъ къ моимъ друзьямъ, которые отдыхали отъ работы. Обыкновенно я заставалъ тамъ обѣихъ ихъ знакомокъ. Э. импровизировалъ на фортепьяно, съ застывшей улыбкой, потемнѣвшими глазами глядя куда-то вдаль. Добрякъ П. сидѣлъ неподвижно, теребя часовую цѣпочку. Таня кушала плюшки съ чаемъ. Маня то забивалась въ уголъ дивана, кутаясь въ платокъ, то, порывисто распахнувъ окно, глядѣла на зарю и вздыхала, то начинала разрывать только-что набитыя папиросы моихъ пріятелей, высыпать изъ нихъ табакъ и крошить въ него стеаринъ отъ свѣчки. За это ее цѣловали, а она царапала нападавшимъ руки. Когда стемнѣетъ, отправлялись на бульваръ. Тепло, звѣздно, пахнетъ сиренью, въ вѣтвяхъ тьма и соловьиныя пѣсни. Внизу, въ рѣкѣ хохочутъ-надрываются лягушки. За рѣкой разстилается степь. Тамъ полутьма ночи. Оттуда вѣтеръ наноситъ весенніе сладкіе запахи. Всѣмъ намъ, вмѣстѣ взятымъ, всего одна человѣческая жизнь... И солнца нѣтъ, а сердце не хочетъ угомониться.

— Марья Сергѣевна, говоритъ Э.,—сколько у меня спичекъ въ рукѣ, четъ или нечетъ?
— А что будетъ, если я отгадаю?
— Я васъ поцѣлую.
— А если я не угадаю?
— Тогда вы меня поцѣлуете.
— Ну, четъ.

Я иду сзади съ толстенькой Таней, въ-волю накушавшейся плюшекъ и чаю со сливками.

— А вы что-же не заставляете меня угадывать?—говоритъ она, какъ попугай подражая старшей сестрѣ.
— Угадывайте. Какъ зовутъ мою бабушку?
— А что будетъ, если я не угадаю?
— Вы меня поцѣлуете.
— А если угадаю?
— Я васъ поцѣлую.
— Почемъ-же я знаю, какъ звали вашу бабушку!
— Вотъ, и угадайте.
— Нашу бабушку звали Макридой. Можетъ, и вашу такъ?
— Нѣтъ, мою—Катериной.

Незамысловато, а какъ было хорошо! Хорошо, но и тревожно. Помню, я тогда все добивался, какъ-бы передать на бумагѣ то, что я видѣлъ и испыталъ, совсѣмъ такъ, какъ оно было въ дѣйствительности. Хорошо пишетъ Тургеневъ, еще лучше Толстой, но все-таки и они не передаютъ во всей полнотѣ, глубинѣ, силѣ и невыразимой сложности трепета и дыханія жизни человѣческой и жизни природы. Вотъ плыветъ облако, я начинаю описывать, какъ оно плыветъ, исписываю страницу, другую третью,—и все-таки мое описаніе неполно, все-таки невѣрно. Вчера Марья Сергѣевна проиграла мнѣ пари и поцѣловала меня. Что я при этомъ чувствовалъ? Опять исписываются страницы, опять я напрягаю всѣ свои способности выражаться точно, цѣлыми часами перебираю слова и выраженія, которыми можно-бы передать мои ощущенія, и опять ничего. Вотъ я смотрю просто на темный кустъ, на освѣщенной луною лужайкѣ. Въ кустѣ мракъ, но особенный, съ какимъ-то цвѣтомъ, съ какою-то темною прозрачностью, мракъ воздушный, мракъ, освѣщенный луною. Пишу, пишу,—выходитъ даже хуже, чѣмъ у Тургенева съ Толстымъ. А гдѣ-же описать то счастье, которое даютъ шестнадцать лѣтъ, здоровье и весна! Отъ этого счастья и въ уныніи, что я его не могу ни выразить, ни осмыслить, я снова уходилъ въ рощу и снова вѣшался вверхъ ногами на березѣ, повыше, которая посильнѣй раскачивалась отъ вѣтра...

Ученье подвигалось, разумѣется, плохо. Меня за это бранили, но я чувствовалъ, что виноватъ-то я виноватъ, но не совсѣмъ. Гимназическій курсъ, конечно, вещь важная, но въ глубинѣ души у меня было сознаніе, что весна, пари на поцѣлуи съ Машей и Таней, благоуханіе сирени, импровизація милаго Э., теплые вечера, ясные дни, даже висѣнье внизъ головой на березахъ— неизмѣримо важнѣе. Курсъ классическихъ гимназій придумали Катковъ съ Леонтьевымъ, а меня создалъ Господь Богъ. Онъ-же подарилъ мнѣ шестнадцать лѣтъ и тревожную и сладкую жажду жизни. Эта жажда, смѣнившая собою мечты о подвигахъ, преимущественно революціоныхъ, и еще года два мѣшала мнѣ вникнуть какъ слѣдуетъ въ курсъ классическихъ гимназій...

4.

Весна прошла. У моихъ пріятелей начались экзамены. Въ это время я видѣлся съ ними только урывками, потому-что экзамены были страшные. Несчастные постороннiе молодые люди, для того, чтобы получить свидѣтельство зрѣлости, въ то время должны были получить на экзаменѣ не менѣе четырехъ съ половиною, въ среднемъ. Пріятели получили на одну десятую меньше, и двери университета, куда они стремились, закрылись передъ ними навсегда. Выданное свидѣтельство давало право на поступленіе только въ спеціальныя школы. П., мечтавшій о карьерѣ юриста, поступилъ въ институтъ инженеровъ путей сообщенія, котораго, конечно, не кончилъ. Желавшій изучить языки и исторію Э. опредѣлился въ технологическій институтъ и тоже скоро оставилъ его. Экзамены кончились, мои чехи и болгары уѣхали отдыхать на свои родины, уѣхалъ изъ города и я, съ пріятными воспоминаніями о прошедшей веснѣ и довольно непріятнымъ сознаніемъ, что въ курсѣ классическихъ гимназій я не сдѣлалъ ни какихъ успѣховъ.

Во время каникулъ сложился новый планъ достиженія мною зрѣлости,—было рѣшено отправить меня на попеченіе родственниковъ въ Петербургъ. У родственниковъ были дочь и сынъ, мои ровесники, оба отлично учились, и ихъ примѣръ долженъ былъ повліять на меня благотворно. Осенью я былъ уже въ Петербургѣ. Родственники были хорошей, доброй, честной семьей; но Петербургъ мнѣ не понравился. Послѣ Москвы онъ поразилъ меня только своей прямолинейностью. Въ струну вытянутыя улицы, по линейкѣ отчерченные тротуары, дома всѣ одного роста, параллельными рядами уложенные на мостовой камни, прямыми вереницами ѣдущіе экипажи, плоская, какъ бильярдъ, мѣстность, неосторожно налитая до самыхъ краевъ Нева. Это былъ какой-то шкафъ, комодъ, а не городъ. Конечно, это европейскаго типа городъ, но эти европейскіе города наводятъ на меня уныніе своими заборовидными улицами; мнѣ всегда представляется, что я хожу между перегородками тюремнаго двора для прогулокъ. То-ли дѣло Москва, съ ея пригорками, садами, домами-особняками, стариной, уютными церковками такихъ-же причудливыхъ, живыхъ, индивидуальныхъ формъ, какъ окружающіе ихъ кусты и деревья, съ ея извилистыми улицами, прудами, рѣчками, тучами голубей и стадами галокъ, образующими надъ городомъ въ воздухѣ другой городъ, такой-же оживленный и шумный, какъ и нижній. Ужасный петербургскій климатъ тоже скоро далъ себя знать. У меня начались головныя боли, постоянное лихорадочное состояніе, и я примѣнился къ климату только черезъ нѣсколько лѣтъ, пройдя чрезъ всевозможные катарры и «нервы». Нервы пострадали, конечно, и отъ нравственныхъ мытарствъ во время исканія зрѣлости, но петербургскій климатъ дѣйствительно ужасенъ и особенно разрушительно дѣйствуетъ на пріѣзжую молодежь. Стоитъ только сравнить больничныя физіономіи молодежи петербургскихъ высшихъ учебныхъ заведеній съ сравнительно цвѣтущими лицами студентовъ другихъ городов, чтобы придти къ мысли, что перенесеніе этихъ заведеній изъ Петербурга въ центръ и на югъ Россіи было-бы великимъ благодѣяніемъ для нашихъ подростающихъ поколѣній. Особенно плохо приходится уроженцамъ сухихъ востока и юга, которыхъ много умираетъ въ столицѣ.

Мои добрые петербургскіе родственники въ свой чередъ озаботились моимъ положеніемъ. Попробовали сунуться въ казенныя гимназіи, но тамъ я послѣ моего пропечатанія былъ извѣстенъ, и отвѣты начальства были уклончивые и двусмысленные. Готовиться самому — я не рѣшался, потому-что по опыту зналъ, что изъ этого ничего не выходитъ. Уроки у учителей были неприступно дороги: тогда драли съ живого и мертваго. Репетиторы-студенты были плохи. Въ довершеніе всего, въ одно прекрасное утро явился околоточный надзиратель и пригласилъ меня слѣдовать за нимъ въ полицейскую часть.

— Не знаете-ли, зачѣмъ?

— Вѣроятно, изволили потерять какой-нибудь документъ.

— Въ такомъ случаѣ зачѣмъ-же я долженъ идти непремѣнно подъ вашимъ конвоемъ?

— Ужь, право, не знаю. Такой приказъ. Извольте прочесть бумагу.

Въ бумагѣ дѣйствительно значилось, что околоточный долженъ доставить меня въ часть самолично. Нечего дѣлать, къ огорченію дядюшки и тетушки и возбуждая зависть въ кузенѣ и кузинѣ, которые, какъ тогда и слѣдовало, были большіе либералы, иду съ околоточнымъ въ часть. Прохожіе, несмотря на то, что я стараюсь бесѣдовать съ моимъ провожатымъ по возможности оживленнѣй и партикулярнѣй, принимаютъ меня за жулика, и кто жалѣетъ, кто презираетъ за столь раннюю испорченность. Въ части меня вводятъ въ мрачную комнату. Сидящій у стола мрачный человѣкъ начинаетъ отбирать отъ меня самыя подробныя свѣдѣнія біографическаго характера за время отъ удаленія моего изъ гимназіи и по сей день. Сбоку и въ отдаленіи стоитъ субъектъ съ пронзительными глазами и смотритъ мнѣ, казалось, въ самую середину мозга и внутренностей. Предлагаемые вопросы окутаны таинственною непослѣдовательностью и неопредѣленностью, но одинъ изъ нихъ, сдѣланный съ неосторожной ясностью, открываетъ мнѣ глаза: это отрыгается моя пропаганда Михалкѣ Жолудю. Потомъ меня отпустили. Испуганные родственники, порасспросивъ опытныхъ и понимающихъ жизнь людей, узнали отъ нихъ, что нѣтъ сомнѣній, я состою подъ негласнымъ надзоромъ полиціи.

Итакъ, я не только «готовящійся», но и «состоящій». Послѣднее съ одной стороны, было лестно: все-же я не кто-нибудь, а сила, но, съ другой, тягостно. Въ гимназіи я былъ подъ надзоромъ Вороны, въ деревнѣ за мной тайно смотрѣлъ жандармскій унтеръ-офицеръ, теперь мнѣ смотритъ прямо въ мозгъ субъектъ съ пронзительными глазами. Это начинало дѣйствовать на нервы. Еще нѣсколько лѣтъ, прожитыхъ при такихъ условіяхъ,—а время было тяжелое, конецъ семидесятыхъ и начало восьмидесятыхъ годовъ,— и я до сихъ поръ испытываю нервную тревогу, когда при мнѣ начинается разговоръ о надзорахъ, унтеръ-офицерахъ и субъектахъ съ пронзительными глазами.

Послѣ путешествія въ часть, мы съ родственниками ужъ совсѣмъ поджали хвостъ и не знали, какъ быть. Въ это время одинъ практическій и житейски-опытный человѣкъ посовѣтовалъ отдать меня въ частную гимназію, «съ правами». Мы не рѣшались: вѣдь я опубликованъ и, кромѣ того, состою подъ негласнымъ надзоромъ. Практическій человѣкъ сказалъ, что это пустяки, и вызвался переговорить съ почтеннымъ директоромъ рекомендуемаго заведенія. Переговоры быстро окончились тѣмъ, что и директоръ сказалъ, что это пустяки. Тогда практическій человѣкъ повелъ меня опредѣляться въ гимназію. Пришли мы часу во второмъ, но директоръ еще спалъ. Когда онъ, наконецъ, къ намъ вышелъ, онъ имѣлъ измятый и только-что умытый видъ, и пахло отъ него виномъ: наканунѣ до самаго утра онъ игралъ въ карты. Квартира у него была хорошая, просторная. Въ сосѣдней комнатѣ играла на фортепіано франтиха-жена. Между нами начался странный разговоръ.

— Въ какой классъ хотите вы поступить? спрашиваетъ меня директоръ, испытующе заглядывая мнѣ въ глаза и вслѣдъ за тѣмъ смущенно отворачиваясь.

— Я надѣюсь, что выдержу экзаменъ въ предпослѣдній классъ, говорю я и трушу, ибо чувствую, что не гожусь въ этотъ классъ.

— Зачѣмъ-же вамъ держать экзаменъ! Ваши товарищи въ которомъ классѣ?

— Въ предпослѣднемъ.

— Ну, вотъ видите! Чѣмъ-же вы хуже ихъ!

Не могъ-же я сказать, что я хуже потому, что, пока тѣ учились, я вѣшался внизъ головой по березамъ. Въ разговоръ вмѣшивается практическій человѣкъ.

— Онъ усиленно занимался по выходѣ изъ гимназіи, говоритъ, указывая на меня, практическій человѣкъ.—Не лучше-ли для него поступить прямо въ послѣдній классъ?

Я краснѣю. Директоръ понятливо смотритъ на практическаго человѣка и съ увѣренностью отвѣчаетъ:

— Конечно, лучше поступить въ послѣдній.

Я не вѣрю своимъ ушамъ. Вѣдь это значитъ, что я кончу гимназію чрезъ годъ, меньше—чрезъ девять мѣсяцевъ я уже студентъ! Нѣтъ, это невозможно! Эти добрые люди преувеличеннаго мнѣнія о моихъ знаніяхъ. Я не могу злоупотребить ихъ довѣріемъ. И я отвѣчаю:

— Я опасаюсь, что не выдержу выпускного экзамена.

— Это вы про какой экзаменъ говорите? Про казенный или про мой? спрашиваетъ директоръ.

Я не понимаю разницы между экзаменомъ казеннымъ и «моимъ», но, желая выказать себя съ лучшей стороны, отвѣчаю:

— Я говорю про экзаменъ вообще. Если вы допустите меня къ экзамену, а я не выдержу, то пострадаетъ мое самолюбіе, и, конечно, будетъ непріятно вамъ, господинъ директоръ. Я чувствую, что не подготовленъ въ послѣдній классъ.

— Да отчего-же вы чувствуете? Можетъ быть, вы подготовлены. Хотите, мы сдѣлаемъ вамъ экзаменъ.

Тутъ я окончательно трушу. Покорно благодарю за экзаменъ! Еще окажется, что и въ предпослѣдній-то классъ я не гожусь.

— Нѣтъ, говорю я,—ужъ позвольте мнѣ поступить въ предпослѣдній.

Директоръ вздыхаетъ. Начинаетъ говорить практическій человѣкъ. Онъ говоритъ дѣло. Онъ объясняетъ, что экзаменъ при казенныхъ гимназіяхъ дѣйствительно невозможно труденъ, что цѣль этихъ экзаменовъ, очевидно, не допускать молодежь къ высшему образованію, что положеніе молодежи было-бы безвыходнымъ, если-бы не благодѣтельныя частныя гимназіи, гдѣ экзаменуютъ «гуманно». Правда, выпускныя свидѣтельства частныхъ гимназій не даютъ права на поступленіе въ университетъ, но открываютъ доступъ во всѣ остальныя высшія учебныя заведенія. Даже есть возможность при нѣкоторомъ терпѣніи попасть и въ университетъ. Для этого вы поступаете въ медицинскую академію. Тамъ переходите на второй курсъ и увольняетесь. У васъ въ рукахъ свидѣтельство академіи. Съ нимъ и, конечно, не показывая вашего гимназическаго свидѣтельства, вы являетесь въ университетъ, и васъ принимаютъ на второй курсъ естественнаго факультета на основаніи забытаго правила, что первые курсы естественнаго факультета и академіи приравнены,—и вы студентъ. Если естественный факультетъ вамъ не нравится, вы, разъ вы студентъ университета, на другой-же день вольны перейти на какой вамъ угодно факультетъ. Все это было очень резонно. Всѣ эти хитрости, подобныя шахматной игрѣ, въ обширныхъ размѣрахъ употреблялись тогда практическими молодыми людьми; но я не былъ практическимъ молодымъ человѣкомъ и повторялъ:

— Я опасаюсь, что не оправдаю вашихъ надеждъ и не буду готовъ къ экзамену.

— Да вѣдь у васъ цѣлый учебный годъ впереди!

— Нѣтъ, господинъ директоръ, я очень опасаюсь.

— Чего-же вы опасаетесь? Не выдержите,

такъ не выдержите. И отчего-бы вамъ не выдержать?

— Нѣтъ, господинъ директоръ, ужь позвольте мнѣ поступить въ предпослѣдній классъ.

Директоръ вздохнулъ и позволилъ поступить туда, куда я такъ усердно просился.

Практическій человѣкъ повелъ меня домой и дорогою опять началъ что-то о томъ, что экзамены вовсе не такъ страшны, какъ о нихъ разсказываютъ, что директоръ гуманный человѣкъ и экзаменуетъ безъ драконовскихъ жестокостей казенныхъ гимназій. Я не слушалъ и не понималъ. Онъ говорилъ, но не договаривалъ; эти практическіе люди — мудрые люди, но и очень осторожные люди. Смыслъ его рѣчей и страннаго поведенія директора я разгадалъ только годъ спустя.

5.

Гимназія, въ которую меня занесла судьба, была очень многолюдная. Помѣщеніе было обширное, но грязное. Общее впечатлѣніе—подозрительное. Грязные, плохо метенные, въ паутинѣ классы. Грязныя, темныя лѣстницы. Давно немытыя стекла въ окнахъ. Прислуга, шустрая и наглая, имѣла видъ «вышибалъ» въ трактирахъ сомнительной репутаціи. Одинъ изъ сторожей, Мишка, въ своей каморкѣ держалъ тайный кабакъ, съ закусками и водкой, усердно посѣщавшійся великовозрастными учениками послѣдняго класса. Воспитанники въ большинствѣ были изъ весьма демократическихъ слоевъ общества. Учителя были подстатъ ученикамъ, прислугѣ и помѣщенію, все больше молодые люди явно неправильнаго образа жизни, съ одутловатыми лицами и пухомъ въ волосахъ. Странное впечатлѣніе производилъ среди нихъ извѣстный Платонъ Васильевичъ Павловъ, профессоръ университета бывшій, и профессоръ въ послѣдствіи. Этотъ безобиднѣйшій ученый тогда только-что вернулся изъ административной высылки, куда могъ попасть только по недоразумѣнію. Передъ тѣмъ, онъ только-что перенесъ тяжелый тифъ и еще болѣе тяжелую оспу, сразу. Можете себѣ представить этого «жестоко ушибленнаго мамкой», едва оправившагося отъ болѣзни, дошедшаго до нищеты ученаго, принужденнаго добывать кусокъ насущнаго хлѣба уроками въ нашемъ «заведеніи». Но это былъ человѣкъ не отъ міра сего. Онъ жилъ только головой. Только-бы работала голова, а тамъ пускай желудокъ пустъ, пускай ноги мерзнутъ въ дырявыхъ сапогахъ, пусть не-на-что купить свѣчей, и работать головой приходится въ темнотѣ. Чего только не знала и не помнила эта обезображенная оспой голова! Его уроки исторіи были лекціями энциклопедіи. Тутъ были и естественныя науки, и философія, и филологія, и теорія искусства (спеціальность Павлова), и политика, и медицина. Голова была уже не совсѣмъ свѣжа, мысли, хотя еще и не исказились, но уже перепутывались; рѣчь перескакивала съ одного предмета на другой, терялась основная нить мысли,—но отъ словъ ученаго вѣяло такимъ богатствомъ знаній, главное, такой жаждой знанія, что маломальски развитые ученики слушали его какъ пророка. Своего положенія ученый не чувствовалъ, а только иногда понималъ его, одной головой. Говоритъ, говоритъ, переходитъ отъ одной темы къ другой, нечаянно дойдетъ до самого себя и вдругъ самъ себя замѣтитъ. Остановится подумаетъ и скажетъ: «А вѣдь я несчастный человѣкъ!»—и сейчасъ-же позабудетъ и продолжаетъ свою лекцію. Однажды онъ какъ-то заговорилъ о вредномъ вліяніи на организмъ алкоголя и вдругъ задумался, и на этотъ разъ встревожился.

— Знаете-ли, я, кажется, попивать начинаю! съ испугомъ сказалъ онъ.

— А чортиковъ еще не ловите? спросилъ его негодяй дремавшій на задней скамейкѣ.

Ученый вздрогнулъ. Взялся за голову и вышелъ изъ класса.

Негодный малый былъ силенъ. Мой товарищъ и новый другъ, Г—въ, а глядя на него и я, вынули наши перочинные ножи и объявили негодяю, что мы его зарѣжемъ, на-смерть зарѣжемъ и въ Сибирь пойдемъ, если онъ позволитъ себѣ еще что-нибудь подобное съ Платономъ Васильевичемъ. Потомъ мы, съ гордымъ видомъ, героями, отправились въ учительскую и объявили Павлову, что отнынѣ онъ въ безопасности. Платонъ Васильевичъ съ жаромъ разсуждалъ съ учителемъ математики о новой геометріи.— «Сейчасъ! Сейчасъ приду!» торопливо, отмахиваясь рукой, отвѣтилъ онъ намъ, вернулся въ классъ и окончилъ то, что хотѣлъ сказать о вредномъ дѣйствіи на организмъ алкоголя.

О серьезномъ ученіи въ нашей гимназіи не могло быть рѣчи. Не было простого порядка при полномъ отсутствіи надзора и дисциплины. Я помню, какъ однажды, соскучившись во время пустого урока, нашъ классъ выстроился гуськомъ, каждый взялъ передняго за фалды, и мы прошли чрезъ всѣ классы, приплясывая и хоромъ распѣвая изъ «Прекрасной Елены»: «Птички въ мірѣ проживаютъ», и т. д. Другой разъ мы посадили на высочайшую печку нашего класса вновь поступившаго товарища, теперь извѣстнаго адвоката, тогда добрѣйшаго юношу, имѣвшаго, однако, слабость считать себя, духовно и физически, вылитымъ Фердинандомъ Лассалемъ. Какъ Лассаль, онъ былъ радикаленъ; какъ Лассаль, франтъ; какъ Лассаль, любилъ драться на дуэли, хотя и не дрался ни разу. Его кто-то изъ товарищей задѣлъ, Лассаль вызвалъ на поединокъ, а мы за это посадили его на печку. Невыразимо презрительнымъ взглядомъ окинулъ насъ Лассаль съ высоты печи и съ сарказмомъ сказалъ: «О, пошлое стадо!»—но слѣзть не могъ и просидѣлъ наверху, пока не пришолъ учитель и не приказалъ намъ спустить Лассаля.

Такого рода продѣлки проходили даромъ. Директоръ, человѣкъ въ сущности не дурной, былъ занятъ картами, долгами, но не гимназіей. Придетъ, сѣденькій, старенькій, съ красными отъ безсонныхъ ночей глазами, видимо съ головною болью, видимо съ угрызеніями совѣсти по поводу своего стариковскаго безпутства, хочетъ выбранить и наказать — и не можетъ. Только твердитъ неувѣреннымъ голосомъ:—«Что-же это! Какъ-же это! Какъ-же вы смѣете! Вѣдь васъ наказать нужно! Что? Не будете? Ну, смотрите-же, а то я васъ накажу!»—Запутавшійся былъ человѣкъ, ослабѣвшій.

Я упомянулъ о моемъ новомъ другѣ, Г—вѣ. На немъ я долженъ остановиться подробнѣй, потому-что дальнѣйшая наша судьба до окончанія гимназіи была общая, да и самъ Г. заслуживаетъ вниманія. Кромѣ того, многое изъ гимназическаго времени уцѣлѣло въ моей памяти благодаря моему пріятелю. Дѣло въ томъ, что Г. велъ подробнѣйшій дневникъ, начатый въ дѣтствѣ и доведенный до конца восьмидесятыхъ годовъ, когда мой бѣдный другъ, переплывавшій въ своей жизни моря и океаны, утонулъ въ Невкѣ у Новой Деревни. Пріятели называли дневникъ Г—ва «ремарками» и утверждали, что онъ, подобно ремаркамъ стараго князя Николая Андреевича Болконскаго, хранится въ кувертѣ съ надписью: «Послѣ смерти—Государю». Конечно, столь государственной важности дневникъ не имѣетъ, но очень цѣненъ какъ документъ, относящійся ко времени нашего ученія и воспитанія. Авторъ его былъ будто нарочно созданъ для веденія дневника. Это была удивительно непосредственная и легко возбудимая натура. Небольшого роста и съ забавно глубокомысленнымъ лицомъ, съ узкой грудью, изъ которой исходилъ однако голосъ необыкновенной зычности и силы, задира, спорщикъ и крикунъ, въ то-же время весельчакъ и забавникъ, онъ былъ всюду, увлекался всѣмъ, и, хотя ни въ чемъ не отличился, но и нигдѣ не былъ лишнимъ. Онъ былъ и актеръ, и чтецъ, и дирижеръ танцевъ въ клубахъ, и фельетонистъ, и сотрудникъ ученыхъ журналовъ, и адвокатъ, и чиновникъ. Исторія его чиновничества ярче всего характеризуетъ моего друга.

По окончаніи университета Г—въ зажилъ недурно. Ему повезло въ адвокатурѣ, и была выгодная работа въ газетѣ. Но скоро колесо фортуны обернулось. За какую-то дерзость Г—въ закатилъ своему кліенту здоровенную пощечину, да еще въ самомъ святилищѣ правосудія, въ зданіи судебныхъ установленій,—и ему на годъ запретили практику. Вслѣдъ затѣмъ была закрыта газета, гдѣ онъ сотрудничалъ. Въ довершеніе бѣды, въ одно прекрасное утро судебный приставъ опечаталъ все его скудное имущество за долгъ фотографу, который снималъ «группу» выпускныхъ студентовъ нашего факультета. Господа студенты снимались очень охотно, но потомъ три четверти не уплатило денегъ. Г—въ былъ поручителемъ и пострадалъ. Сначала онъ не унывалъ, строилъ себѣ изъ пятидесяти полученныхъ отъ фотографа группъ шалашъ, забавно симулировалъ помѣшавшагося отъ несчатій, встрѣчая гостей словами:—«Скажите, пожалуйста, отчего до сихъ поръ нѣтъ депутатовъ изъ Испаніи? Удивляетъ меня чрезвычайно медленность депутатовъ!»—приписалъ подъ своей фамиліей на дверной доскѣ:—«Онъ-же Фердинандъ VIII Испанскій»,—но шутки шутками, а надо было и ѣсть. Недолго думая, Фердинандъ VIII взялъ казенное мѣсто—во Владивостокъ. Съ дороги Г—въ прислалъ пріятелямъ нѣсколько длинныхъ писемъ, въ которыхъ восторгался тропиками, океанами, колонизаторскими способностями англичанъ и даровитостью японцевъ, которымъ предрекалъ блестящую будущность. Было еще письмо съ мѣста, изъ Владивостока, а потомъ продолжительное молчаніе. Пріятели посылаютъ телеграмму:—«Что съ тобой?»—Отвѣтъ:—«Въ отставкѣ, подъ слѣдствіемъ за покушеніе на убійство, подробности письмомъ».—Приходитъ письмо. Сварливый Г—въ кого-то оскорбилъ, его оскорбили въ отвѣтъ. Г—въ вызвалъ, но вызовъ принятъ не былъ. Г—въ взялъ револьверъ, подошолъ съ улицы къ окну квартиры обидчика и выпалилъ тому прямо въ голову. Въ комнатѣ кто-то завопилъ, кто-то упалъ, и все было кончено. Убійца сѣлъ на извозчика и поѣхалъ отдаться въ руки правосудія. Правосудіе, конечно, его приняло и бросилось производить дознаніе. О, счастье, убійца никого не убилъ! По близорукости онъ принялъ за голову своего оскорбителя круглый кактусъ, стоявшій на окнѣ. Кактусъ оказался простреленнымъ навылетъ. Вошла горничная, убиравшая комнату, у которой надъ самымъ ухомъ раздался внезапный выстрѣлъ; она-же и упала, чтобы забиться подъ диванъ: ей представилось, что на Владивостокъ напали китайскіе хунхузы. — «Какъ-бы тамъ ни было,—кончалось письмо,—вашему пріятелю улыбается Сахалинъ. Не поминайте лихомъ и не забывайте присылать калачики».— Пріятели въ ужасѣ, но ничѣмъ не поможешь: покушался, судятъ и засудятъ... Прошло нѣсколько мѣсяцевъ. Однажды я возвращаюсь къ себѣ домой и нахожу на столѣ записку. Читаю и не вѣрю глазамъ: «Дружище, приходи въ Малый театръ. Мое мѣсто въ третьемъ ряду, налѣво. Идетъ премилая новинка, «Цыганскій баронъ». Отрывки я уже слышалъ на пути, въ Сингапурѣ. Лобызаю». Подписано: «Твой Г—въ, онъ-же Воскресшій Рокамболь».—Конечно, я лечу въ Малый театръ. Театръ еще пустъ, а въ третьемъ ряду сидитъ мой Г., въ черномъ сюртукѣ; бѣлый галстухъ, черезъ плечо огромный бинокль въ футлярѣ, видъ важный,—кругосвѣтный путешественникъ по всей формѣ. Мы расцѣловались: я—съ горячностью, Г.—сдержанно. Я не удивлялся этой сдержанности, потому-что зналъ, съ какой непосредственностью мой другъ входитъ въ роли, которыя даютъ ему случай и судьба. Теперь онъ въ роли кругосвѣтнаго путешественника. Я засыпаю его вопросами о его необыкновенныхъ приключеніяхъ. Онъ отвѣчаетъ съ видомъ человѣка, для котораго не существуетъ необыкновеннаго.

— Не засудили?

— Нѣтъ, засудили.

— Что-же, ты съ Сахалина бѣжалъ?

— Нѣтъ. Меня судили за неосторожное обращеніе съ оружіемъ и приговорили на два мѣсяца домашняго ареста.

— На какія-же средства ты пріѣхалъ?

— Разумѣется, на собственныя. Кстати, я привезъ тебѣ премилыя японскія бездѣлушки... Да, собралъ денегъ и пріѣхалъ. Сначала я служилъ на маякѣ, потомъ чертилъ лоціонныя карты, давалъ литературные вечера, писалъ въ газетѣ, наконецъ, разыгралъ въ лотерею индѣйскія вещицы, которыя купилъ на пути во Владивостокъ. Вотъ и средства.

— И хватило?

— Н-не совсѣмъ. Въ Одессѣ я высадился съ однимъ полтинникомъ въ карманѣ. Ѣду въ гостинницу и встрѣчаю на улицѣ петербургскаго коллегу, присяжнаго повѣреннаго. Ну, и взялъ у него сто рублей. А теперь, братъ, за адвокатуру. И въ бюрократію ни ногой! И я покажу этимъ чинопушамъ!..

Я понялъ, что мой другъ сегодня нетолько кругосвѣтный путешественникъ, но и «въ оппозиціи».

Г—въ, при его впечатлительности, сегодня былъ ярый радикалъ и революціонеръ, завтра ретроградъ; сегодня онъ ходилъ въ смазныхъ сапогахъ, назавтра наряжался франтомъ; сегодня сочинялъ бунтовскую сказку, подъ заглавіемъ «Фея Либертэ», на другой день писалъ въ книгѣ замѣчаній студенческой библіотеки обличенія библіотечныхъ распорядителей, подъ титуломъ: «Жандармамъ радикализма»; висѣвшій на стѣнѣ портретъ какого-нибудь Рауля Риго вдругъ смѣнялся лубочной картиной «Монархи всего свѣта».

Такимъ образомъ, дневникъ писался какъ-будто не однимъ человѣкомъ, а десятерыми, и съ замѣчательной полнотой отражалъ гимназическую и университетскую жизнь того времени. Дневникъ, вѣроятно, сохранился у родныхъ Г—ва и современемъ будетъ интереснымъ документомъ.

Я и Г. жили въ большой дружбѣ. Гимназія была плохая, работать мы не умѣли, кромѣ того мы умничали, а потому учились плохо и лѣниво. Дѣло не въ зубреніи, а въ развитіи, говорили мы себѣ, поэтому къ урокамъ относились пренебрежительно, а больше читали умныя книжки и занимались умными разговорами. Единицъ мы, однако, по старой памяти боялись и, когда чувствовали, что ужъ совсѣмъ не знаемъ урока, то вмѣсто гимназіи отправлялись въ публичную библіотеку. Это были пріятные часы. Огромный залъ, стѣны котораго сплошь однѣ книги. Два ряда столовъ съ газовыми лампами. Залъ теплый, просторный. За чтеніе платить ничего не нужно. Пускаютъ всѣхъ. Вотъ, сидитъ профессоръ, вотъ журналистъ; священникъ, а рядомъ съ нимъ раскольникъ, углубленный въ старопечатную книгу; студентъ и оборванецъ, зашедшій сюда больше для того, чтобы погрѣться; мальчуганъ, разсматривающій картинки въ прошлогодней «Нивѣ», и хорошенькая студентка. Здѣсь всѣ равны, какъ въ церкви; библіотека принадлежитъ всѣмъ, какъ церковь. Равенствомъ и братствомъ вѣяло отъ доброжелательно-важнаго зала. Воздухъ былъ наполненъ не суетностью повседневной жизни, а величавымъ спокойствіемъ слова, уже сказаннаго, мысли, уже выработанной. Сильное впечатлѣніе произвелъ на меня этотъ залъ, и первое время я чувствовалъ себя старымъ, лѣтъ этакъ около ста, мудрымъ, безстрастнымъ ученымъ. Потомъ очень скоро я стал заглядываться на хорошеньких студенток. Въ библіотекѣ я занялся эстетикой. Мой другъ ничѣмъ постороннимъ не развлекался, ссорился съ сосѣдями за громкій разговоръ и штудировалъ политическія и экономическія сочиненія, дѣлая изъ нихъ огромныя выписки. Одно время политика и экономія смѣнились литературой о Швейцаріи: мой другъ рѣшилъ эмигрировать въ это свободное государство и сталъ изучать французскій языкъ, начавъ зубрить словарь Рейфа, съ буквы А. Меня политика не интересовала, заглушаемая литературными упражненіями, чтеніемъ стиховъ и беллетристики, да еще упомянутой «жаждой жизни».

Нашей гимназіи мы не посѣщали и не интересовались ею. Предстоящій экзаменъ насъ еще не заботилъ: вѣдь онъ долженъ быть только черезъ два года. Одинъ изъ нашихъ товарищей, малый практическій, не смущаемый ни жаждой жизни, ни политикой, ни эстетикой, ни тому подобными глупостями, однажды, придя въ гимназію вмѣстѣ съ нами, сѣлъ не на старое мѣсто, а въ послѣдній классъ. Объяснилъ онъ это тѣмъ, что ему любопытно послушать, какъ учатъ тамъ. Ему понравилось, какъ тамъ учатъ, и онъ тамъ остался совсѣмъ. Мы нашли это очень легкомысленнымъ. Онъ зналъ еще меньше насъ; а затѣмъ онъ промѣнялъ наше, мое и Г—ва, общество—а о себѣ мы были очень лестнаго мнѣнія—на учениковъ послѣдняго класса, которыхъ мы не одобряли. Когда мы высказали это нашему пріятелю, онъ отвѣтилъ, что мы вѣчно будемъ милы его сердцу, что новые товарищи его совершенно не интересуютъ, а въ классѣ онъ «вродѣ вольнослушателя». Потомъ мало-по-малу онъ къ намъ охладѣлъ и разощелся съ нами.

Послѣдній классъ гимназіи представлялъ любопытное зрѣлище. Онъ былъ очень многолюденъ. Большинство учениковъ были въ годахъ, лѣтъ далеко за двадцать, съ бородами. Видъ имѣли всѣ солидный, видъ людей, живущихъ уже весьма сознательно. Было нѣсколько вольнослушателей высшихъ учебныхъ заведеній, которымъ былъ нуженъ гимназическій аттестатъ для зачисленія въ настоящіе студенты. Эти ходили въ форменныхъ фуражкахъ своихъ училищъ, угрюмо сидѣли на урокахъ, презрительно смотрѣли на учителей и брезгливо на учениковъ. Многіе принадлежали къ національностямъ, отличающимся практическимъ складомъ ума, къ евреямъ, полякамъ, армянамъ, даже былъ одинъ японецъ. Были евреи-радикалы, въ смазныхъ сапогахъ, карбонарскихъ шляпахъ и пледахъ, смотрѣвшіе на міръ съ ненавистью и презрѣніемъ, и евреи-франты, съ усиками въ видѣ стрѣлокъ, кольцами на рукахъ и обольстительно свѣтскими манерами. Поляки, какъ и вездѣ на чужой сторонѣ, держались своей мнительной кучкой, не были ни карбонарами, ни, по недостатку средствъ, франтами, шептались между собою по-польски и обдумывали свои польскія дѣла. Армяне соединяли жизнерадостность съ практичностью и франтовство съ радикальными убѣжденіями. Русаки придерживались больше тайнаго кабака сторожа Мишки, чѣмъ уроковъ, но были тоже малыми не промахъ и отличались физіономіями, кто вызывающими, кто черезчуръ ласковыми, но одинаково смышлеными. Почти всѣ эти молодые люди поступали прямо въ послѣдній классъ. Будь мы съ Г. поразторопнѣй и попрактичнѣй, мы замѣтили-бы, что тутъ кроется какая-то загадка.

11.

И вдругъ загадка и обнаружилась, и была разгадана одновременно.

Учебный годъ прошелъ, насъ проэкзаменовали, мы оказались плохи, но насъ всетаки перевели. Минули каникулы, мы съ Г. вернулись въ Петербургъ и вмѣстѣ шли въ гимназію. Наступалъ рѣшительный годъ: въ будущемъ маѣ намъ предстоялъ экзаменъ зрѣлости. Мы давали другъ другу обѣщанія бросить политику и эстетику, не посѣщать публичной библіотеки, не заглядываться на хорошенькихъ студентокъ, не развлекаться ни литературой, ни жаждой жизни, а учиться изо всей мочи. Становилось страшно: мы знали очень мало.

Вотъ и гимназія, но вывѣски на ней почему-то нѣтъ. Мы звонимся, — отпираетъ какой-то столяръ, а не сторожъ Мишка. Въ комнатахъ пусто, — ни партъ, ни досокъ. Полы взломаны, переклеиваютъ обои, мастеровые стучатъ и поютъ пѣсни. Гдѣ-же гимназія? — Гимназіи нѣтъ, гимназія закрыта по распоряженію министерства. За что? — За торговлю свидѣтельствами объ окончаніи въ ней курса. Намъ все стало ясно: и моя загадочная бесѣда съ директоромъ при поступленіи, и многолюдность послѣдняго класса, и странный составъ его учениковъ, и необъяснимый переходъ нашего товарища въ «вольнослушатели» послѣдняго класса. Этотъ товарищъ былъ мудрый человѣкъ. Когда мы только еще добились до университета, онъ уже былъ адвокатомъ.

6.

Какъ ни были мы съ Г. легкомысленны, однако поняли, что положеніе наше становится серьезнымъ. Закрытіе гимназіи составило большую потерю. Тогда частныя гимназіи имѣли нѣкоторыя права. Ихъ свидѣтельства, какъ я уже сказалъ, открывали доступъ въ спеціальныя заведенія. На зрѣлость ихъ ученики экзаменовались хотя и казенными учителями, но въ присутствіи своихъ преподавателей; послѣдніе даже имѣли голосъ при оцѣнкѣ отвѣтовъ. Державшіе при казенныхъ гимназіяхъ должны были получить не менѣе четырехъ съ половиною, причемъ ни одной тройки,—для частныхъ гимназистовъ достаточно было трехъ. Въ качествѣ посторонняго можно было экзаменоваться не раньше товарищей по оставленному заведенію,—къ воспитанникамъ частныхъ гимназій это не относилось. По мѣрѣ того, какъ мы все это узнавали, разузнавали и соображали, тревога наша росла. Какъ быть? Какъ поступить? Мы чувствовали себя такъ, точно сбились съ пути и заблудились. Выберемся-ли на дорогу? Или намъ такъ и пропадать? Настоящей жажды знанія мы не имѣли, ни тогда, ни послѣ, но мы раздразнили себя чтеніемъ, разговорами, публичной библіотекой, и думали, что намъ ужасно какъ хочется науки. О карьерѣ, которую открываетъ университетъ, мы не помышляли, тоже ни въ то время, ни впослѣдствіи, но страдало наше самолюбіе, и мы завидовали. Сидѣть въ публичной библіотекѣ въ качествѣ студента или просто «готовящагося» неизмѣримая разница. Идешь по улицѣ, на ногахъ у тебя высокіе сапоги, на плечахъ плэдъ,— какъ есть студентъ. А на самомъ дѣлѣ ты обманщикъ: не студентъ, а готовящійся. Знакомые студенты въ своихъ разсказахъ изображаютъ университетъ какою-то свободною страной, гдѣ шумятъ сходки, обсуждаются вопросы первостепенной важности, гдѣ студенты экзаменуются сидя, гдѣ неизвѣстно еще, кто важнѣй: ректоръ, тайный совѣтникъ съ двумя звѣздами, или первокурсникъ естественнаго факультета, Овечкинъ; гдѣ еще на-дняхъ этотъ Овечкинъ, замѣчательная личность и выдающійся ораторъ, отвѣтилъ ректору, тайному совѣтнику съ двумя звѣздами, просившему сходку, обсуждавшую преимущества анархіи предъ монархіей, разойтись:—«Знайте, ректоръ, что это собраніе уступитъ только силѣ штыковъ»!—«И что-же ректоръ»? спрашиваемъ мы разсказщика.—«Ректоръ? Ректоръ знаетъ исторію, а стало-быть, ему извѣстно и то, что штыки безсильны противъ великой идеи». Г—въ десятки страницъ своихъ ремарокъ наполнялъ разсужденіями объ ужасномъ гнетѣ классицизма, о свободныхъ американскихъ университетахъ, о необходимости новаго 1789 года. Для разнообразія онъ обдумывалъ планы и способы самоубійства. Однажды мысль о самоубійствѣ созрѣла. Ложась спать — я тогда ночевалъ у него — онъ вручилъ мнѣ свой револьверишко и попросилъ, когда заснетъ, застрѣлить его. Чтобы избавить меня отъ отвѣтственности, онъ написалъ записку, что застрѣлился самъ, но записки мнѣ не отдалъ, а положилъ себѣ подъ подушку. Я съ самымъ серьезнымъ видомъ соглашаюсь на послѣднюю просьбу друга. Легли, потушили свѣчи. Проходитъ полчаса, часъ; мы оба молчимъ, но не спимъ. Я подымаюсь, крадучись иду къ Г—ву и вдругъ слышу его голосъ, испуганный, но вмѣстѣ съ тѣмъ и сконфуженный:

— Ты, слушай! Какъ честный человѣкъ, на всякій случай предупреждаю: я мою записку съѣлъ.

Я начинаю хохотать. За мной хохочетъ и

Г—въ. Проходитъ еще полчаса, я начинаю дремать,—и опять голосъ Г—ва:

— Эхъ, даже и умереть не умѣю! съ горечью и презрѣніемъ восклицаетъ мой другъ, повертывается на другой бокъ и сладко засыпаетъ.

Тысячи-тысячъ думушекъ вертѣлись у насъ въ головѣ. Не поступить-ли въ самомъ дѣлѣ въ юнкера? Говорятъ, есть какое-то военно-аудиторское училище, куда принимаютъ чуть не кантонистовъ, но которое даетъ совершенно университетскія права. Гдѣ-то, нето въ Херсонѣ, нето въ Керчи, есть боцманская или лоцманская школа, тоже съ какими-то правами. Разсказываютъ, будто существуютъ особенныя казачьи и кавказскія гимназіи, гдѣ гимназисты ходятъ съ красными лампасами и въ папахахъ; тамъ экзамены будто-бы совсѣмъ легкіе, но зато надо умѣть джигитовать. Не начать-ли на всякій случай изучать джигитовку? Ходятъ слухи про какую-то захолустную гимназію, гдѣ зрѣлость можно купить; но цѣна дорога, полторы тысячи. Въ нашей закрытой гимназіи свидѣтельство стоило, говорятъ, втрое дешевле. Дураки мы, дураки, что не купили! «Это нечестно!»—«Распереналлевать мнѣ на честность! гремитъ мой другъ. — Развѣ при буржуазномъ строѣ можетъ быть честность? Надо быть мошенникомъ, мерзавцемъ. Съ меня довольно этой честности! Съ этой минуты я — буржуа, сытый буржуа; герои «Брюха Парижа» — мой идеалъ. Плутовство, плутовство-съ, вотъ мой девизъ отнынѣ. Я плутъ. Ужъ мнѣ эти либералишки, радикалишки, соціалистишки! Попадись они мнѣ! На свѣтѣ борьба за существованіе, и ничего больше. Да здравствуетъ Дарвинъ, я становлюсь пройдохой!»

И мой другъ съ самымъ пройдошнымъ выдомъ рыскалъ по городу и искалъ выхода изъ положенія, въ которое мы попали. Недѣли черезъ двѣ поисковъ онъ является ко мнѣ. Лицо пройдохи. Манеры величественныя. Относится ко мнѣ съ презрительнымъ покровительствомъ. Велѣлъ одѣваться, взялъ за руку и повелъ, точно пятилѣтняго ребенка. Дорогой онъ много говорилъ о томъ, какой самъ онъ хитрый и практическій человѣкъ, и какой я размазня и тюфякъ; о томъ, что я безъ него пропалъ-бы, и что онъ, Г—въ, пробьетъ себѣ дорогу и сдѣлаетъ великолѣпную карьеру, — буржуазную, конечно, но вѣдь иной и быть не можетъ: борьба за существованіе! — Мы шли поступать въ отысканную Г—вымъ новую частную гимназію. Г—въ совсѣмъ вошолъ въ роль моего опекуна и, представляя меня директору гимназіи, сказалъ:

— Вотъ тотъ молодой человѣкъ, о которомъ мы съ вами говорили.

Директоръ схватилъ меня за обѣ руки, съ жаромъ пожалъ ихъ, усадилъ насъ въ кресла и предложилъ по сигарѣ, очень скверной.

Нашъ новый директоръ былъ старый, тощій, безтолково торопливый нѣмецъ, съ растерянными глазами. Когда-то онъ былъ гувернеромъ въ знатномъ домѣ. Въ свое время это былъ, вѣроятно, бойкій, недурной собою, съ приличными манерами и прилично одѣтый молодой нѣмецъ. Вѣроятно, онъ умѣлъ забавлять и съумѣлъ понравиться. Когда кончилась его менторская роль при знатномъ Телемакѣ, ему дали денегъ и устроили разрѣшеніе на открытіе гимназіи. Въ то время, когда мы къ нему поступили, нѣмецъ былъ старъ, безтолковъ и начиналъ выживать изъ ума; кромѣ того, дѣла шли худо, были долги, а отъ такихъ заботъ нѣмецъ, конечно, не умѣлъ. Усадивъ насъ въ кресла, онъ заболталъ безъ умолка, но толка отъ него добиться было нельзя. Сначала онъ запросилъ съ насъ по триста рублей, потомъ согласился на двѣсти, росписки написалъ на двѣсти-пятьдесятъ, а когда стали считать деньги, спутался и думалъ, что согласился на полтораста. Когда мы стали его спрашивать, какія-же права дастъ намъ его гимназія, онъ сначала сказалъ, что дастъ всѣ права, а потомъ понесъ околесину о распоряженіяхъ министерства, о томъ, что онъ этихъ распоряженій не одобряетъ, о томъ, что теперешняя система долго не просуществуетъ. Нѣмецъ былъ слабоуменъ, но и плутоватъ, и даже настолько плутоватъ, что умѣлъ слабоуміемъ маскировать свою плутоватость. Когда-то у своихъ знатныхъ патроновъ онъ, надо полагать, былъ немного и шутомъ,—немного шутомъ оставался онъ и до сихъ поръ. Нерѣдко онъ приходилъ къ намъ въ классъ и по часамъ говорилъ рѣчи на ломаномъ русскомъ языкѣ. Это былъ совершенный и болѣзненный вздоръ, съ плутоватымъ и шутовскимъ оттѣнкомъ. Онъ что-то бормоталъ о нигилистахъ и кричалъ «ура». Онъ говорилъ, что графъ Толстой немного слишкомъ строгъ, но что классицизмъ спасетъ Россію. Графъ Толстой строгъ, но онъ, Густавъ Васильевичъ Шмерцъ,— самый хитрый изъ всѣхъ директоровъ частныхъ гимназій, и что кончить курсъ легче всего въ его гимназіи. — «О, я очень хитрый человѣкъ! болталъ нѣмецъ. — Я говорю министерству: хорошо, очень хорошо; но я со своими воспитанниками всетаки *пройду чрезъ*, ich komme durch! Деликатно, вѣжливо, не горячась. Какъ вальсъ въ три па!» И нѣмецъ, въ своемъ не по лѣтамъ щегольскомъ пиджакѣ и въ лакированныхъ ботинкахъ, съ деликатными ужимками и съ лукавымъ лицомъ, начиналъ танцовать передъ нами вальсъ.

Прежняя гимназія была плебейская; новая имѣла претензіи на аристократичность. И тамъ и тутъ собрались одинаково отбросы,—«готовящіеся», удаленные изъ казенныхъ заведеній, кто за дурное поведеніе, кто за неуспѣхъ въ ученіи, кто по дѣйствительной негодности, кто за проступки противъ «желѣзной дисциплины». Содержатели частныхъ заведеній этими отбросами кормились, и только: ни о воспитаніи, ни объ ученіи серьезно говорить было нельзя. Создался этотъ почтенный промыселъ тѣми крайними мѣрами, которыми вводились классицизмъ и благонамѣренность, и процвѣталъ несравненно пышнѣе, чѣмъ благонамѣренность и классическое образованіе.

Аристократизмъ отбросовъ новой нашей гимназіи былъ очень условный. Десятка два мальчиковъ и молодыхъ людей были дѣйствительно изъ знатныхъ семействъ; остальные были просто богатенькіе шалопаи. Тонъ этой компаніи былъ еще противнѣй плебейства прежней гимназіи. Задавали тонъ аристократики или мнившіе себя таковыми, остальные ему подражали. Я не знаю ничего глупѣе тона и манеръ нашей золотой и золоченой молодежи. Припоминаю, что Мицкевичъ съ ужасомъ говоритъ о цинизмѣ и грубости свѣтскаго кружка Пушкина. Противна, говорятъ, прусская знатная молодежь, но ту развратили солдатчина и бисмарковщина. Циничны и грубы англичане, но они огрубѣли въ своихъ колоніяхъ, гдѣ держатъ себя укротителями звѣрей. Грубы новѣйшіе французы, но это можно объяснить вліяніемъ разбогатѣвшей буржуазіи. Наши русаки грубы неизвѣстно отчего и для чего, и въ особенности въ Петербургѣ, въ центрѣ культуры. На все имъ плевать, ко всему относятся съ-кондачка, всѣ у нихъ дураки, всѣ женщины распутницы, все имъ можно и позволительно, не говорятъ, а сквернословятъ. Положимъ, они баловни судьбы, т.-е., дядюшекъ, тетушекъ, протекцій, богатства, чаще большихъ жалованій своихъ папашъ, но зачѣмъ-же и баловаться въ дурномъ тонѣ, отъ котораго отдаетъ выѣзднымъ лакеемъ, приказчикомъ французскаго магазина и вахмистромъ, въ весьма непривлекательной смѣси. Выѣздной презираетъ всю вселенную, приказчикъ франтитъ, а вахмистръ чрезъ два слова въ третье ругается «по-русски». Среди золотой молодежи есть очень хорошія натуры и очень умные люди, но тонъ у всѣхъ, особенно на школьной скамьѣ, одинаковый. Что въ немъ хорошаго, и откуда онъ идетъ, не понимаю.

При этакомъ тонѣ въ новой гимназіи порядка было еще меньше, чѣмъ въ прежней. Барчуки не учились, за ними не учились остальные; учителя, видя, что ничего не подѣлаешь, махнули рукой и не учили и тѣхъ, кто хотѣлъ-бы учиться. Кто желалъ, сидѣлъ въ классѣ и дремалъ или занимался чтеніемъ. Кто не желалъ, «дѣлалъ визиты» пансіонерамъ, изъ которыхъ нѣсколько молодыхъ людей имѣли отдѣльныя комнаты. Хозяева принимали гостей любезно. У одного накрывался завтракъ, конечно, холодный, изъ гастрономическаго магазина, но съ достаточнымъ количествомъ вина и водокъ. Другой былъ охотникъ играть на кларнетѣ и угощалъ, кромѣ вина, еще и музыкой, раздававшейся по всему дому. Третій былъ картежникъ и всегда былъ готовъ помочь скоротать скуку пребыванія въ гимназіи, заложивъ банчишку.

Когда предъ нами раскрылись всѣ эти бытовыя подробности, мы съ Г. почувствовали ужасъ. Вотъ тебѣ и послѣдній годъ предъ экзаменами! Попробовали мы заикнуться о возвращеніи нашихъ денегъ, которыя съ большей пользой могли-бы пойти на приватные уроки, но нашъ слабоумный нѣмецъ при этой просьбѣ даже поумнѣлъ и сухо и толково сослался на правила, напечатанныя на оборотѣ нашихъ квитанцій, гласившія, что разъ внесенныя деньги ни подъ какимъ видомъ не возвращаются. «Были случаи, что со мной даже судились, прибавилъ на всякій случай нѣмецъ,—но я всегда выигрывалъ». Что дѣлать?! Вѣдь до экзамена всего нѣсколько мѣсяцевъ! Становилось страшно, и мы совсѣмъ сбились съ толку. То мы прилежно ходили въ гимназію, причемъ мой безпокойный другъ дѣлалъ учителямъ сцены, требуя, чтобы его учили; то, еще и еще разъ убѣждаясь въ негодности гимназіи, мы съ утра до ночи сидѣли за книгами дома. Оказывалось, что мы знаемъ на удивленіе мало, что приходится все учить чуть не съ самаго начала, — а поди-ко, выучи! Сколько теоремъ въ геометріи Давидова, сколько текстовъ и молитвъ въ «Катехизисѣ» и «Богослуженіи», что за толщина этотъ Буслаевъ и этотъ наполненный исключеніями Ходобай! Учимся, — и вдругъ насъ въ жаръ броситъ, буквально ноги, руки отымаются. А тутъ еще стѣснительныя распоряженія сыплются какъ изъ рога изобилія. Мой другъ со свойственнымъ ему пыломъ вошолъ въ роль искателя зрѣлости и узнавалъ всѣ новости чуть не въ часъ ихъ появленія. Встрѣчаемся въ гимназіи. Г—въ блѣденъ, глаза горятъ, руки дрожатъ. — «Поздравляю, вышло распоряженіе—никуда не принимать по свидѣтельствамъ частныхъ гимназій!» И дѣйствительно, случай торговли свидѣтельствами въ нашей прежней гимназіи вызвалъ эту мѣру, обрушившуюся наряду съ безчестными заведеніями и на вполнѣ благонадежныя,—а такія, конечно, были. Чрезъ нѣкоторое время прихожу къ моему другу, въ его крохотную конурку, «со свѣтомъ изъ корридора», съ платой по восьми рублей въ мѣсяцъ, съ горничной Пашкой, хозяйкиной собачонкой Пшкой и хозяйкой, чрезвычайно гордившейся своимъ жильцомъ, сыномъ «генерала», статскаго совѣтника. Мой другъ, несмотря на позднее время, лежитъ въ постелѣ.

— Что это ты валяешься?
— Размышляю о нирванѣ.
— Зачѣмъ?
— Съ цѣлью выработать равнодушіе къ бытію. Да, братъ, бытіе,—это вздоръ. Слышалъ о новомъ распоряженіи? Чтобы держать экзаменъ съ учениками частной гимназіи, надо пробыть въ ней не меньше трехъ лѣтъ. Вотъ, братъ, каково оно нынче, бытіе-то!

Проходитъ еще недѣли-другая въ безтолковомъ ученіи и въ приступахъ отчаянія. И новый ударъ, еще болѣе жестокій, а для Г. роковой. Ранѣе товарищей по казенной гимназіи можно было кончать курсъ только держа экзаменъ въ качествѣ ученика частной гимназіи. Г—въ по послѣднему распоряженію ученикомъ частной гимназіи не считался, бывшіе его товарищи кончали курсъ только въ будущемъ году, а потому и мой бѣдный другъ въ этомъ году не могъ быть допущеннымъ къ экзаменамъ. Тутъ Г—въ освирѣпѣлъ. Его ремарки заполнялись съ лихорадочной быстротой. Громы и молніи сыпались съ ихъ страницъ на виновниковъ его неудачъ. Счастье, что ремарки не попали въ руки кого слѣдуетъ, или, вѣрнѣе, кого не слѣдуетъ, а то не миновать-бы ихъ автору, при тогдашнихъ обстоятельствахъ, большихъ непріятностей. Онъ собирался фабриковать взрывчатыя вещества, мечталъ о пріобрѣтеніи отравленнаго кинжала, вклеилъ въ тетрадь дневника портретъ Бакунина, а о существующемъ строѣ выражался такъ, что волосъ подымался дыбомъ. Мало того, мой другъ серьезно былъ озабоченъ, какъ-бы ему найти «конспиративную квартиру», поядовитѣй, и предложить ей свои услуги. Случилось даже, что на одной студенческой вечеринкѣ онъ напился съ извѣстнымъ Кибальчичемъ, съ нимъ вмѣстѣ ворвался изъ буфета въ залъ и сталъ танцовать мазурку. Танцоровъ вывели, а Кибальчичъ признался Г—ву, что онъ соціалистъ. Все это Г—въ подробнѣйшимъ образомъ заносилъ въ дневникъ. Прочтите воспоминанія г. Л. Тихомирова о его революціонномъ прошломъ, какъ велись тогда слѣдствія по политическимъ дѣламъ, и что тогда между прочимъ причислялось къ политическимъ преступленіямъ, и вы согласитесь, что моему другу могла грозить серьезная опасность. По счастью, ничего страшнаго не произошло, а мой другъ чрезъ какой-нибудь мѣсяцъ, съ блаженнымъ выраженіемъ лица, сознался мнѣ, что онъ влюбленъ.

— Мы катались на чухонцѣ, разсказывалъ онъ мнѣ.—Чухонецъ вывалилъ насъ въ сугробъ, и я *ее* въ это время поцѣловалъ. А *она*, братъ, она на это — ничего! Ясно, она меня тоже любитъ. Боже мой, какъ хороша жизнь! Какъ жалѣю я тебя, что ты не влюбленъ. Влюбись, братъ!

Всякіе кинжалы и конспираціи были забыты. Въ любовномъ чаду Г. примирился даже съ тѣмъ, что его экзамены отсрочены еще на годъ, и задолго до окончанія учебнаго года уѣхалъ домой.

Я остался одинъ со своими тревогами, страхами и надеждами. Въ одиночествѣ они переносились еще тяжелѣй. Я чувствовалъ, что не готовъ къ экзаменамъ и не въ состояніи подготовиться въ остающееся короткое время. Въ гимназію я не ходилъ, потому-что тамъ занялись своими учениками, а на подобныхъ мнѣ не обращали ужь ровно никакого вниманія. Приходилось работать одному. Способности мои были далеко не блестящія, механической памяти, для заучиванія наизусть, у меня никогда не было, склонность къ литературнымъ упражненіямъ, мечтательность и жажда жизни все возростали. Вмѣсто того, чтобы учиться, я уходилъ къ моему другу *). и просиживалъ тамъ дни и ночи до утра, заслушиваясь его задушевныхъ импровизацій и проводя время въ обществѣ новыхъ тургеневскихъ героинь. По правдѣ сказать, героини эти были далеко менѣе тургеневскими, чѣмъ два года тому назадъ, въ провинціи, но недостающее дополнялось воображеніемъ. Вернешься домой, ляжешь спать,—не спится: все играетъ музыка, а музыку слушаютъ героини. Поутру нападаетъ ужасъ: еще день потерянъ, экзамены еще ближе, а успѣховъ никакихъ.

Настали и экзамены. Чѣмъ они кончатся? Умъ говоритъ, что самымъ несомнѣннымъ проваломъ, но мечтательность спутываетъ этотъ безошибочный приговоръ разсудка; недаромъ она женскаго рода. Музыка, тургеневскія героини,— и вдругъ единица изъ какой-нибудь ариѳметики! Не можетъ быть! Повторилось нѣчто похожее на то состояніе, въ которомъ я находился девять лѣтъ тому назадъ, когда, въ нѣмецкой школѣ, чувствуя себя во власти чорта, я молился о томъ, чтобы вдругъ чудомъ знать всѣ уроки. Въ чорта я уже не вѣрилъ, зналъ, что чудесъ не бываетъ, и все-таки втайнѣ надѣялся на нихъ, ждалъ ихъ, если не разсудкомъ, то «нутромъ», которое, какъ видно, не совсѣмъ еще переродилось со времени дѣтства, и въ которомъ еще остались слѣды чорта и чудесъ,—душевное состояніе не лишенное интереса. Эту черту у женщинъ одни называютъ женскимъ упрямствомъ, другіе—женской логикой и даже логикой чувства.

На экзаменахъ я былъ довольно спокоенъ: я производилъ опытъ,—есть чудеса или нѣтъ. Я рѣшалъ математическія задачи, дѣлалъ латинскій переводъ и писалъ русское сочиненіе въ состояніи похожемъ на то, въ которомъ вертятъ столы. Сядутъ къ столу, положатъ на него руки и ждутъ,—остальное, что тамъ нужно, сдѣлаетъ ужъ столъ. Я рѣшалъ задачи какъ Богъ на душу положитъ, не заботясь о томъ, такъ-ли я рѣшаю, и ждалъ, что изъ этого выйдетъ:—а вдругъ выйдетъ какъ разъ то, что нужно? Я дѣлалъ переводъ и думалъ: нуко, есть чудеса или нѣтъ? Если есть, я черезъ мѣсяцъ студентъ! А студенчества я ждалъ съ такимъ-же чувствомъ, съ какимъ влюбленный ѣдетъ въ церковь вѣнчаться...

Моя свадьба разстроилась въ самой церкви. Чудесъ нѣтъ. Женская логика чувства осрамилась. Изъ математики единица, изъ латинскаго другая, за сочиненіе—третья. Попросилъ я позволенія взглянуть на свои работы, провѣрилъ ихъ потомъ съ книгами въ рукахъ: оказалось, что сдѣлать ихъ хуже невозможно. Отнесся я къ этому довольно хладнокровно: опытъ доказалъ, что чудесъ не существуетъ,—такъ и запишемъ. Обидѣла меня только единица за русское сочиненіе, поставленная за то, что сочиненіе было написано не по хріи и «вольнымъ слогомъ», которымъ я по наивности думалъ щегольнуть.

Чудесъ нѣтъ,—но не совсѣмъ. Только чудеса-то дѣлаются просто. Одновременно со мной экзаменовался очень знатный и богатый молодой человѣкъ. Во время письменныхъ экзаменовъ отъ волненія онъ часто удалялся изъ класса, надо думать, за медицинской помощью. Когда онъ возвращался, у него въ рукавахъ появлялись какія-то бумажки, а на манжетахъ рубахи какія-то надписи и знаки. Ученики это видѣли, а надзиратели какъ-то нѣтъ. Однако, на одномъ изъ экзаменовъ чуть не произошло странное недоразумѣніе. Въ то время, когда въ классѣ остался только одинъ учитель, подготовлявшій, какъ оказалось впослѣдствіи, молодого человѣка къ экзамену, барчукъ подошелъ къ учителю со своимъ чернякомъ, и между ними начался оживленный разговоръ,—чтобы не мѣшать остальнымъ, разумѣется, шопотомъ. Въ это время отворяется дверь, появляется другой учитель и съ видомъ и быстротою тигра бросается на бесѣдующихъ. Учитель блѣднѣетъ. Молодой человѣкъ стремительно оборачивается и, вытаращивъ глаза, садится на столъ, на свой чернякъ. Конечно, тотчасъ-же выясняется, что молодой человѣкъ не понялъ вопроса письменной работы и всего только просилъ разъяснить вопросъ. Экзамены молодой человѣкъ сдалъ успѣшно. Въ университетѣ я видѣлъ его недолго. Оттуда онъ перешелъ въ кавалерію, сталъ сильно кутить, года черезъ два я встрѣчалъ его совершенной развалиной, а еще немного спустя онъ умеръ. Это былъ большой богачъ и очень знатный молодой человѣкъ. Для такихъ чудеса были возможны.

Забылъ сказать, что и въ этомъ году я «вѣроятно потерялъ документы», былъ приглашаемъ въ часть, и тамъ мнѣ снова смотрѣли прямо въ мозгъ и во внутренности.

7.

Дѣла принимали все болѣе дурной оборотъ. Мы съ Г. уже влюбились въ университетъ, влюбились по уши, со всѣми крайностями и чудачествами настоящей влюбленности. Какъ всѣ влюбленные, мы думали, что жить нельзя безъ предмета нашей страсти, что мы зачахнемъ, умремъ, если не соединимся съ нимъ, что и солнце перестанетъ свѣтить, и аппетитъ пропадетъ, и весь міръ будетъ огорченъ нашей неудачей. Начиналось предъэкзаменное помѣшательство. Во время каникулъ мы съ Г. переписывались. Я жилъ въ деревнѣ, Г. въ городѣ и могъ слѣдить за дальнѣйшимъ ходомъ учебной реформы. Ходъ этотъ былъ попрежнему зловѣщаго свойства. Вышло распоряженіе, чтобы до испытанія зрѣлости не допускать болѣе двухъ разъ,—значитъ, я могу попытать счастья еще только одинъ разъ, послѣдній разъ,—а тамъ померкнетъ солнце. Сдѣлано распоряженіе, чтобы свидѣтельства зрѣлости безъ греческаго языка были выданы въ послѣдній разъ только въ будущемъ году,—а мы греческій языкъ, конечно, забросили. Правда, Г—въ сообщалъ, что въ астраханской гимназіи калмыки и впредь будутъ освобождены, по случаю природной неспособности къ древнимъ языкамъ, отъ греческаго, и что, кажется, какъ-то можно поступить въ калмыки, предварительно записавшись въ казаки астраханскаго казачьяго войска, въ калмыцкую его станицу, но что и тутъ замѣшалась эта проклятая джигитовка... Теперь все это отзывается забавнымъ анекдотомъ, а тогда отъ такихъ тысячи-тысячъ думушекъ мы не спали ночей, худѣли, блѣднѣли, то впадали въ отчаяніе, то предавались фантастическимъ мечтамъ вродѣ поступленія въ калмыки, нервозились, слабѣли волею, пріучались трусить и заражались трусливостью, пріучались хитрить, привыкали безсильно злиться, словомъ, въ нашемъ лицѣ росли современные «интеллигенты».

Каникулы во всѣхъ этихъ тревогахъ пролетѣли быстро, мы съ Г. снова въ Петербургѣ,—и новый ударъ падаетъ на наши головы. Мы рѣшили вернуться въ нашу прежнюю гимназію. Это будетъ третій годъ нашего пребыванія въ частныхъ учебныхъ заведеніяхъ, гимназію мы перемѣнили не по своему произволу, и, авось, насъ допустятъ къ экзамену съ учениками нашего нѣмца, чортъ его, впрочемъ, побери! И мы понесли нѣмцу наши двѣсти рублей. Приходимъ. Гимназія стоитъ какъ стояла, двери не заперты, отворяетъ ихъ знакомый швейцаръ, а не столяръ, но едва мы вошли въ сѣни, какъ нашъ слухъ былъ пораженъ грохотомъ барабана, дружнымъ шагомъ маршировки и командой:—«Ря-ды вздвой! Въ ря-ды стройсь»! Мы не вѣрили своимъ ушамъ... И потомъ неистовые, фельдфебельскіе крики:—«Какъ стоишь! Подбери животъ!»—И затѣмъ совершенно бѣшеный, казалось, облитый пѣною вопль:—«Во фронтѣ не разговаривать!»—Оказалось, нашъ нѣмецъ свою гимназію продалъ какому-то военному человѣку, который превратилъ ее въ частный военный корпусъ.

Я не стану описывать новыхъ припадковъ унынія и неосновательныхъ надеждъ, новыхъ плановъ и предположеній, новыхъ тысячи-тысячъ думушекъ, новыхъ поисковъ какого-нибудь заведенія. Повторилось все то, что было въ прошломъ году, и окончилось тѣмъ-же:—новое заведеніе было найдено.

Умудренные горькимъ опытомъ, мы и къ новому пристанищу вначалѣ отнеслись скептически, но на этотъ разъ судьба надъ нами сжалилась. Гимназія оказалась толковою и добросовѣстной. Содержатель ея не жадничалъ, не гнался за количествомъ воспитанниковъ. Въ послѣднемъ классѣ мы застали всего пять учениковъ. Они всѣ оказались вполнѣ хорошими молодыми людьми, такъ-что мы съ ними скоро сошлись, а съ нѣкоторыми и подружились. Работали новые товарищи усердно, и это было для насъ хорошимъ примѣромъ. Учителя относились къ дѣлу какъ нельзя болѣе внимательно. Но, не смотря на все это настоящаго ученія и тутъ было не больше. Насъ всего лишь дрессировали, какъ дрессируютъ собачонокъ, складывающихъ слова и дѣлающихъ сложеніе и вычитаніе.

Новые учебные планы вводились, по выраженію Достоевскаго, «вдругъ». Сегодня приказано,—завтра-же должны быть готовы нравственно зрѣлые, воспитанные въ классическомъ духѣ молодые люди. Что это за классическій духъ, знали Катковъ съ Леонтьевымъ, да можетъ быть, еще десятокъ, полтора педагоговъ на всю Россію. Для остальныхъ весь духъ заключался въ учебныхъ планахъ да въ министерскихъ циркулярахъ. Выполняй ихъ, и будешь образцовымъ «классическимъ» педагогомъ. Огромное большинство наскоро испеченныхъ, «сдѣланныхъ деньгами», какъ говоритъ Достоевскій, педагоговъ, навѣрно и въ планы съ циркулярами не вникали, а ограничились тѣмъ, что усвоили себѣ формальныя примѣты новой учебной системы. Тотъ, кто на выпускномъ экзаменѣ получитъ не меньше тройки, нравственно зрѣлъ. Чтобы получить тройку изъ русскаго, должны написать сочиненіе по хріи, выразить въ этомъ сочиненіи мысли, которыя указаны въ учебныхъ планахъ, и безъ запинки просклонять: *сзеро* и *ангелъ*. Изъ латинскаго надо знать Гораціевы размѣры, столько-то сотенъ грамматическихъ правилъ, столько-же исключеній и тысченку латинскихъ словъ. По математикѣ надо вызубрить рѣшенія указанныхъ въ программахъ задачъ, причемъ указаны нетолько задачи, но и самыя рѣшенія. Классическое воспитаніе выродилось въ рукахъ равнодушныхъ наемныхъ, а не «выработанныхъ вѣками» педагоговъ въ зубрежку и дрессировку. Объемъ зубрежки и отчетливость дрессировки растяжимы. Поэтому практика немедленно выработала цѣлый кодексъ ученическихъ преступленій и учительскихъ наказаній, кодексъ тоже чисто формальный, основанный на совершенно внѣшнихъ примѣтахъ. Экзаменующійся могъ написать блистательный философскій трактатъ, но, если онъ два раза ошибся въ буквѣ ѣ, ему ставили двойку и признавали нравственно незрѣлымъ. Наоборотъ, ученикъ могъ написать шаблонно, «по-телячьи», какъ выражался нашъ учитель словесности (и прибавлялъ: иначе, какъ потелячьи, избави Богъ, не пишите!), но если орѳографія и хрія были въ порядкѣ, теленку ставили пять и, въ качествѣ дѣеспособнаго бычка, пускали въ стадо. По латинскому языку идеаломъ былъ тотъ, кто на-зубокъ зналъ грамматику Ходобая, гдѣ были указаны нетолько исключенія, но исключенія изъ исключеній, до седьмого колѣна. Однако, какъ ни прямолинейны были педагоги, они понимали, что Ходобая могла вызудить только исключительная память, а потому въ учебномъ кодексѣ преступленій и наказаній были указаны ошибки, наказуемыя простой сбавкой балла до трехъ, безъ лишенія зрѣлостныхъ правъ, и ошибки, влекшія за собою лишеніе оныхъ. Кто зналъ всего Ходобая, получалъ пять; кто половину, — четыре; кто зналъ только Кюнера, получалъ тройку. Кюнеръ былъ минимумъ. На эти-то минимумы и «натаскивали» молодежь, и въ казенныхъ гимназіяхъ, и тѣмъ болѣе въ частныхъ, гдѣ за то и деньги большія платили, чтобы полегче было учиться и поскорѣй можно было выучиться.

Въ той гимназіи, куда мы поступили, искусство дрессировки было доведено до совершенства, а дрессируемые оказались замѣчательно понятливыми. Бывало до восьми уроковъ въ день. Латинистъ, математикъ и учитель словесности, преподаватели главныхъ предметовъ гимназическаго курса, сидѣли часа по три подрядъ и посвящали насъ во всѣ тонкости «отвѣчанія» на экзаменахъ. Насъ учили писать сочиненія такъ, какъ это «любятъ» экзаменующіе. Мы заучивали тѣ оды Горація и тѣ главы Тита Ливія, которыя пользовались наибольшей склонностью учебныхъ плановъ. Мы вызудили рѣшенія всѣхъ наиболѣе употребительныхъ на экзаменахъ задачъ. На насъ наводили лакъ и блескъ, рекомендуя заучить нѣсколько десятковъ латинскихъ пословицъ и афоризмовъ. Насъ предостерегали отъ цитатъ изъ Тургенева и Толстого, рекомендовали съ разборчивостью пользоваться Пушкинымъ и Гоголемъ и ввѣряться только Кантеміру, Ломоносову и Державину. Новая всеобщая исторія, особенно «безпорядки, происшедшіе въ царствованіе Людовика XVI и окончившіеся лишь при Наполеонѣ I», была опаснымъ подводнымъ камнемъ, и тутъ мы получали подробную лоціонную карту. Словомъ, насъ учили обманывать. И отъ насъ этого не скрывали. Учитель стараго закала, типъ изъ «Гнилыхъ болотъ» или изъ романовъ Писемскаго, шипѣлъ, иронизировалъ, смѣялся и презиралъ себя и насъ,—и всетаки, нѣтъ-нѣтъ, да и вздохнетъ или нѣсколько мгновеній смотритъ въ окно и невесело качаетъ головой. Учитель изъ посторонняго вѣдомства, въ генеральскихъ эполетахъ, обучавшій насъ второстепенному предмету, вмѣсто урока устраивалъ настоящіе митинги протеста, обличалъ, кричалъ, плевался, стучалъ кулаками по столу. Я замѣтилъ, что особенно пылкими либералами у насъ бываютъ образованные генералы и образованныя дамы, можетъ быть потому, что вопросъ этотъ относится къ вѣдомству, постороннему для обоихъ. Остальные учителя ограничивались намеками и экивоками, которые тѣмъ не менѣе были ясны. Мы готовились къ обману вполнѣ сознательно, и именно въ то-же время мы пріучились, если не къ обману и хитрости, то къ мысли, что безъ окольныхъ путей, безъ себѣ-на-умѣ, безъ разсчета на чужіе слабости и недостатки не проживешь. Мы никогда не доходили до того, чтобы считать такія средства дозволительными въ личныхъ и низменныхъ цѣляхъ, но какъ тутъ отдѣлить, что—личное и ничтожное, а что—возвышенно и относится къ общему благу? Впослѣдствіи нужно было немало времени и опыта, чтобы смыть съ себя эту, если не грязь, то пыль.

Дрессировка, въ которую мы попали, сначала показалась намъ чѣмъ-то нелѣпымъ и дикимъ. До сихъ поръ мы полагали цѣль ученія въ «развитіи»; сочиненія писали по совѣсти, съ увлеченіемъ, съ цитатами изъ Писарева, Луи-Блана и Бокля; къ наукѣ, конечно, намъ неизвѣстной, относились съ благоговѣніемъ, причемъ къ наукѣ причисляли и всѣ предметы гимназическаго курса, до географіи Смирнова включительно; исторію словесности изучали по критикамъ; исторію, съ легкой руки Павлова, обожали и вникали въ нее съ трепетомъ. Мы не умѣли работать, способности наши были посредственныя, мы были лѣнивы и мечтательны, наше штудированье подвигалось плохо, но мы все-таки хотѣли штудировать, а не дрессироваться. Оказалось, что съ нашимъ штудированьемъ мы во вѣки вѣковъ не выучимъ гимназической программы, а дрессировкой насъ доведутъ до зрѣлости въ девять мѣсяцевъ. Какъ это просто и легко! Это обманъ,—но безъ обмана намъ никогда не соединиться съ университетомъ, въ который мы влюблялись все больше и больше.

8.

Девять мѣсяцевъ, съ августа 1874 года по май 1875-го, были сплошной неистовой зубрежкой, днемъ, а часто и ночью, потому-что мы разстроили себѣ нервы, и плохо спалось. Зубрежка разнообразилась изученіемъ все новыхъ и новыхъ распоряженій начальства. Проходилъ слухъ, что греческій языкъ будетъ обязателенъ; мы обмирали и начинали бѣгать по канцеляріямъ,—слава Богу, спасъ Господь, еще не обязателенъ! Содержатель нашей гимназіи подалъ прошеніе о томъ, чтобы насъ допустили къ экзаменамъ вмѣстѣ съ его учениками, и надѣется на благопріятный отвѣтъ, — мы не спимъ ночей отъ радости. Содержатель получилъ отказъ,— мы мучимся безсонницей подъ вліяніемъ мрачныхъ опасеній. Въ началѣ учебнаго года прошолъ слухъ, что на экзаменѣ достаточно будетъ тройки вмѣсто четырехъ съ половиною, какъ это было до сихъ поръ; справки въ канцеляріяхъ подтвердили это съ несомнѣнностью, даже сказали, что распоряженіе въ этомъ смыслѣ послѣдуетъ на-дняхъ; но время идетъ, распоряженія все нѣтъ,—и нами овладѣваетъ отчаяніе, опускаются руки. Распоряженіе опубликовано, — мы не вѣримъ своимъ глазамъ, изучаемъ каждую букву, сомнѣваемся въ каждой запятой, наконецъ, убѣждаемся, что это не галлюцинація,—и нѣтъ предѣловъ нашему восторгу. Волненія и напряженіе послѣднихъ девяти мѣсяцевъ, съ прибавкой тревогъ двухъ послѣднихъ лѣтъ, къ концу учебнаго года превращаютъ насъ нето во вдохновенныхъ, нето въ сумасшедшихъ. Способности временами изощряются до того, что за одинъ присѣстъ выучиваешь всего Бѣлоху, а на другой день не въ силахъ припомнить таблицу умноженія. Сегодня тебя наполняетъ странная веселость, тѣла у тебя какъ-будто нѣтъ, а осталась только одна веселая душа, ты не ходишь, а плывешь по воздуху, на пятый этажъ взбѣгаешь не запыхавшись; а на-завтра голова тяжела и тупа, всѣ мускулы щемитъ, время отъ времени тебя съ головы до пятокъ пронизываетъ точно электрическимъ ударомъ, на ровномъ полу оступаешься, когда закроешь глаза, въ нихъ вспыхиваютъ какія-то молніи, вылетающія какъ-будто изъ самаго мозга. Врачи должны знать, какъ называются эти явленія... Наступаетъ день подачи попечителю прошенія, рѣшительный день! Потомъ появляется въ газетахъ публикація о распредѣленіи экзаменующихся постороннихъ по гимназіямъ,—я попадаю въ сравнительно «легкую» гимназію. Наконецъ, начинаются четыре ужасныхъ недѣли экзаменовъ.

Эти четыре недѣли прошли какъ въ бреду, какъ въ горячкѣ. Жилъ я тогда въ маленькой комнатѣ въ шестомъ этажѣ, во дворѣ. Этажемъ ниже, какъ-разъ противъ меня, проживалъ молодой человѣкъ, къ которому по вечерамъ приходила его невѣста. Случайно я зналъ, кто такіе эта парочка. Влюбленные иногда забывали опускать на окошкѣ штору, и я бывалъ свидѣтелемъ нѣжнѣйшей и чистѣйшей любовной идилліи. Была весна, петербугскія свѣтлыя ночи, безсонныя, мечтательныя, влюбленныя. Пахло весной даже на нашемъ глухомъ дворѣ. Молодой человѣкъ былъ студентъ и кончалъ курсъ. Его невѣста была студентка. Все вокругъ меня было тѣмъ счастьемъ, о которомъ я мечталъ и отъ котораго меня отдѣляла невидимая, но непреодолимая преграда экзаменовъ. Если я ихъ выдержу, весна, мечтательныя ночи, университетъ, студенчество—мои. Не выдержу,—у меня нѣтъ права законно пользоваться всѣмъ этимъ. Какъ сюда приплетались женская любовь, любовныя свиданія, не знаю, но и они зависѣли отъ успѣшности экзаменовъ. И вотъ, эта невидимая преграда довела меня до бреда. Часы совершенно изступленнаго зубренія смѣнялись часами мучительно сладкаго созерцанія чужого счастья, этажемъ ниже, и, казалось мнѣ, тоже чужой красоты весеннихъ ночей. Въ эти часы я бывалъ въ кого-то безумно влюбленъ, строилъ гордые и счастливые планы или впадалъ въ отчаяніе. Возможная удача на экзаменахъ и еще болѣе возможная неудача, съ ихъ послѣдствіями, рисовались съ отчетливостью галлюцинацій.

У меня есть пріятель, талантливый художникъ, котораго картины на фантастическіе сюжеты пользуются успѣхомъ. Одно время онъ былъ глубоко несчастенъ, заброшенный за-границу, безъ друзей, безъ знакомыхъ, безъ денегъ. Единственное живое существо, которое любило его и къ которому онъ былъ привязанъ, была маленькая гибралтарская обезьянка. Обезьянка заболѣла чахоткой и умерла на рукахъ своего хозяина. Одичавшій въ своемъ одиночествѣ художникъ плакалъ, точно хоронилъ лучшаго друга. Ночь. Мертвая обезьянка лежитъ на столѣ, а художникъ при лампѣ кончаетъ заказъ, который долженъ быть готовъ къ утру; иначе нечего будетъ ѣсть. Картина почти окончена, но остаются двѣ человѣческія ступни, которыя никакъ не удаются. Натурщика нанять не-на-что, да и поздно, ночь.—«Мнѣ стало страшно,—разсказываетъ художникъ,—и вмѣстѣ съ тѣмъ злость меня взяла, особенная злость, которая заключалась въ злобномъ желаніи непремѣнно поставить на своемъ,—написать ступни. Нѣтъ натурщика,—«на-зло» напишу безъ натурщика. Стану смотрѣть въ темный уголъ,—и на-зло увижу тамъ ступни, и на-зло спишу съ нихъ ступни на картинѣ!.. И увидѣлъ, и написалъ, и, какъ оказалось на другой день, хорошо написалъ! Но,—прибавилъ художникъ, встревоженно расширяя глаза,—но часто такихъ вещей дѣлать не слѣдуетъ».—Почти съ такою же реальностью, какъ художнику ступни въ темномъ углу мастерской, рисовались мнѣ картины, то счастья послѣ удачныхъ экзаменовъ, о которомъ я намечтался до одурѣнія, до несчастій, которыя я навоображалъ себѣ до болѣзни. А «дѣлать такихъ вещей не слѣдуетъ». Не слѣдовало ихъ дѣлать со мною, съ моими сверстниками, съ цѣлымъ поколѣніемъ.

Страшныя четыре недѣли прошли. Экзаменъ сданъ успѣшно. Я хочу радоваться—и не могу. Вмѣсто радости меня мучитъ мнительность. Мнѣ все кажется, что меня задавятъ на улицѣ, или я утону, перееѣзжая на яликѣ Неву, и даромъ пропадетъ мое свидѣтельство зрѣлости. Доходитъ до того, что я пересылаю его домой по почтѣ, на случай крушенія поѣзда, на которомъ я поѣду, и моей гибели... Я—дома. Темная звѣздная ночь, которая прежде дѣйствовала на меня послѣ свѣтлыхъ петербургскихъ ночей успокоительно и отрадно. Весна, благоуханія, тишина, родные люди, я—студентъ. Я хочу быть счастливымъ,—и не могу. И я вдвойнѣ несчастливъ: потому, что я не могу быть счастливымъ, и потому, что меня пугаетъ, огорчаетъ и обижаетъ это состояніе.

9.

Прибавить къ разсказанному, кажется, нечего. Университетское время не изгладило дурныхъ слѣдовъ нашего воспитанія, а еще усилило ихъ. Да иначе и быть не могло. Однѣ стѣны университета не могли измѣнить насъ, двѣ съ половиною тысячи молодыхъ людей, прошедшихъ описанную мною школу, а *воспитанія* въ университетѣ не было. Нравственной связи между студентами и профессорами не существовало, не было даже внѣшней, инспекторской, дисциплины,—и мы дѣлали что хотѣли, а такъ-какъ ни къ чему путному мы пріучены не были, то мы ничего не дѣлали, кутили, мечтали, буянили на сходкахъ и учились только для отмѣтокъ на экзаменахъ. Тяжкое время конца 70-хъ и начала 80-хъ годовъ дѣлало университетскую атмосферу совсѣмъ нездоровой.

Смѣшно сказать, наибольшее и наилучшее вліяніе на меня и на моего друга Г—ва въ послѣдніе два года нашего гимназическаго воспитанія и въ первое время университета оказалъ больной человѣкъ, больной нетолько физически, но отчасти и душевно. Это былъ нѣкто Г—ій, неудавшійся ученый, когда-то богатый человѣкъ, а въ то время раздавшій и пропутешествовавшій свое состояніе бѣднякъ, не то чтобы озлобленный, но огорченный идеалистъ и мечтатель, въ качествѣ хохла большой юмористъ и лѣнтяй. Впрочемъ, лѣнь, какъ оказалось впослѣдствіи, была расположеніемъ къ параличу, отъ котораго Г—ій потомъ и умеръ. Это былъ человѣкъ очень образованный, очень самолюбивый, очень обидчивый, безконечно добрый и еще болѣе раздражительный. Жилъ онъ частными уроками, на которые ходилъ съ проклятіями и стонами, а все остальное время лежалъ на кровати въ своей каморкѣ на шестомъ этажѣ. Эта каморка всегда была полна гостей, добрую половину которыхъ составляли тогдашніе революціонеры и революціонерки, большого и малаго калибра. Время обыкновенно проходило въ „собесѣдованіяхъ" съ революціонерами,—какъ бываютъ собесѣдованія съ старообрядцами. Пренирался съ ними главнымъ образомъ Г—ій, причемъ громилъ ихъ всячески. Г—ій былъ очень образованнымъ человѣкомъ и его переспорить противники не могли.

Тогда они угрожали при первомъ-же бунтѣ повѣсить Г—аго. Г—ій въ отвѣтъ пискливымъ отъ негодованія голоскомъ начиналъ молить небеса, чтобы они поразили этихъ нечестивцевъ, этихъ новыхъ варваровъ, этихъ современныхъ гунновъ молніей и громомъ и тѣмъ спасли-бы цивилизацію. Воцарялось молчаніе. Революціонеры, все больше блѣдные, худые люди, въ ярости ходятъ взадъ и впередъ по комнатѣ и курятъ крученыя папиросы. Г—ій, лежа на кровати, толстый красный, теребитъ бороду, а его маленькіе зеленоватые глазки мечутъ искры. Проходитъ нѣсколько минутъ. Г—ій успокаивается, начинаетъ пристально разсматривать своихъ неистовыхъ гостей, глаза изъ злыхъ дѣлаются смѣющимися и, наконецъ, онъ восклицаетъ:

— Боже мой, что за забавное существо человѣкъ!.. Хотите, господа, еще чаю?

Въ то время, когда только-что прорывало нарывъ всего русскаго невѣжества и всего русскаго насильничества, накопившагося въ дореформенной Россіи, масса только и свѣта видѣла что въ революціонномъ окошкѣ, а потому, просвѣщенныя и гуманныя рѣчи Г—аго были для насъ очень полезны.

Революціонерами мы,—какъ и все наше поколѣніе, когда возмужало,—не сдѣлались, но всетаки нашего поколѣнія никто не хвалитъ. Каково оно стало послѣ университета, когда вступило въ жизнь, читатель можетъ узнать изъ сочиненій г. Чехова, историческое значеніе которыхъ,—помимо ихъ выдающейся художественности,—заключается въ замѣчательно мѣткой характеристикѣ современнаго дѣйствующаго поколѣнія. Отсутствіе воли и просто трусливость, непривычка подчиняться и неумѣнье подчинять, лѣнь, прикрывающаяся философской безмятежностью, въ практической жизни распущенность и лукавая хитрость, больное тѣло и нездоровая душа,—вотъ его характерныя черты. Конечно, было-бы нелѣпостью утверждать, что виною этому только школа и одна школа. Конечно, надо принять въ разсчетъ много и другихъ условій русской жизни, физическихъ и нравственныхъ. Конечно, наша интеллигенція давно уже хворая. Возьмите героевъ раннихъ произведеній Тургенева, Писемскаго и въ особенности Толстого, не говоря уже о Достоевскомъ, возьмите эту молодежь сороковыхъ и тридцатыхъ годовъ: тоже порядочная золотуха. Но много виновата и школа. Мы были въ неустойчивомъ равновѣсіи, школа должна была его поддержать, а она, наоборотъ, нарушила его,—и мы повалились.

ОГЛАВЛЕНІЕ.

стр.

Нѣмецкая школа 5
Русская школа 68
Какъ мы «созрѣвали» 129

В. Л. Дѣдловъ.

Вокругъ Россіи. Путевыя замѣтки. Цѣна 2 р.
Переселенцы и новыя мѣста. Цѣна 1 р.
Письма съ Парижской выставки 1889 г. Цѣна 1 р.
Варваръ, Эллинъ, Еврей. Современныя характеристики. Цѣна 2 р.
Панорама Сибири. Путевыя замѣтки. Цѣна 1 р.
Кіевскій Владимірскій Соборъ. Цѣна 40 к.

ПОДГОТОВЛЯЮТСЯ ВТОРЫЯ ИЗДАНІЯ:

По Италіи, Египту и Палестинѣ.
Сашенька. Романъ.
Повѣсти и разсказы.

ПЕЧАТАЕТСЯ:

Лирическіе разсказы.

Цѣна 1 рубль

www.ingramcontent.com/pod-product-compliance
Lightning Source LLC
LaVergne TN
LVHW061213060426
835507LV00016B/1920